# СОКРОВЕННЫЕ
# МЕМУАРЫ

# ВОЛЬФ МЕССИНГ

❧

# Я –
# ТЕЛЕПАТ
# СТАЛИНА

ЯУЗА-ПРЕСС

МОСКВА

2016

УДК 821.161.1-94
ББК 84(2Рос=Рус)6-44
    М53

**Мессинг, Вольф.**

М53    Я — телепат Сталина / Вольф Мессинг. — Москва : Яуза-пресс, 2016. — 224 с. — (Сокровенные мемуары).

ISBN 978-5-9955-0873-1

Его величают «личным экстрасенсом Сталина». Ему приписывали сверхчеловеческие способности. Его считали не просто телепатом, умеющим читать и внушать мысли, но ясновидцем, чародеем, пророком, способным «проходить сквозь стены» и предсказывать будущее...

Те «мемуары Вольфа Мессинга», что печатались при его жизни в журнале «Наука и религия», были сфальсифицированы советской пропагандой. А его подлинные воспоминания, тайком переправленные в Израиль, ждали публикации более сорока лет. В этой книге великий экстрасенс впервые мог рассказать всю правду о своей жизни и своем уникальном даре, о работе на советскую контрразведку и разоблачении вражеских агентов, о личных встречах с Пилсудским и Канарисом, Абакумовым и Хрущевым, Берией и Сталиным:

«“Как вам это удается?” — спросил Берия. Я честно ответил, что не знаю как. Слово «сверхъестественные» не очень-то подходит к моим способностям, лучше сказать «необъяснимые». Во многом они являются тайной и для меня самого. Все ученые, которые пытались изучать мой феномен, так и не поняли его природу. Я и сам не могу объяснить, как именно я это делаю. Просто делаю — и все...

«Были моменты, когда я подозревал, что Сталин тоже умеет читать мысли. Возможно, не так хорошо, как я, но умеет... Когда в СССР начались гонения на евреев, это не могло не сказаться на моем отношении к Сталину. Я уже не мог им восхищаться, но понимание того, что Сталин — гениальный человек, осталось. Он был невысок, но, глядя на него, я не мог отделаться от чувства, будто бы он стоит на пьедестале, потому что он казался выше всех, значимее всех. Культ личности Сталина возник неспроста. У такой необыкновенно одаренной личности просто не могло не быть культа...»

УДК 821.161.1-94
ББК 84(2Рос=Рус)6-44

## *От редакции*

Oбретению воспоминаний Вольфа Мессинга мы обязаны счастливому стечению обстоятельств.

Вольф Мессинг завершил написание своих мемуаров в первой половине 1974 года. Он хорошо понимал, что в то время шансов на издание его воспоминаний в СССР не было. Поэтому он передал рукопись своему другу, администратору Госконцерта СССР Абраму Соломоновичу Каплуну, который в 1974 году получил разрешение на выезд в Израиль. Мессинг надеялся на то, что в Израиле его воспоминания будут опубликованы. Однако жизнь распорядилась иначе. По неизвестным причинам Абрам Каплун не стал публиковать рукопись Мессинга после своего приезда. Возможно, сыграло свою роль отсутствие официального разрешения от автора на публикацию или же то, что вскоре после приезда в Израиль Абрам Каплун тяжело заболел. После кончины Абрама Каплуна его архив хранился в одном тель-авивском «бейт авот» — доме престарелых, где Абрам Каплун, не имевший родных, провел остаток своей жизни. В 2013 году дом престарелых был закрыт. Архив вместе с прочим не подлежащим продаже имуществом предназначался к выбросу на свалку, но несколько энтузиастов, в числе которых была журналист Галина Коган, решили сохранить ценные свидетельства, часть нашей общей истории. Среди того, что им удалось спасти, оказались бесценные в полном смысле этого слова воспоминания Вольфа Григорьевича Мессинга, человека-загадки, самого известного телепата XX века, которого не без оснований называли «личным экстрасенсом Сталина». Поняв, какое сокровище попало к ней в руки, Галина Коган решила перевести воспоминания Вольфа Мессинга на русский язык и опубликовать их там, где Вольф Мессинг прожил вторую и лучшую половину свой жизни, там, где его знают и помнят.

Редакция выражает глубокую признательность Галине Яковлевне Коган за сохранение воспоминаний Вольфа Мессинга и перевод их на русский язык.

# Вступительное слово

Труднее всего начинать. Особенно если начинаешь что-то незнакомое. Я никогда не писал ничего длиннее писем, да и они получались у меня короткими, больше похожими не на письма, а на телеграммы. Моя покойная жена Аида[1] много лет уговаривала меня написать книгу о себе. Уговаривала очень настойчиво, приводила разные доводы, взывала к моему самолюбию. Главным ее доводом было: «Человек должен после себя что-то оставить! Никто не вечен, даже длинный день заканчивается». Бедная Аида, она так переживала нашу бездетность. Под конец смирилась, но я видел, что это смирение было притворным. Ей очень хотелось, чтобы после меня, после нас что-то осталось. Другой довод: «Про тебя ходит столько слухов, один сказочнее другого, неужели ты не хочешь рассказать о себе правду?» Слухов обо мне ходит много, это так, но слухи меня никогда не волновали. Пускай выдумывают что хотят! Это Аида сердилась, когда слышала ложь обо мне. Однажды случилось так, что ей пришлось возвращаться из Одессы в Москву одной, меня задержали дела. В купе с Аидой ехала женщина примерно ее возраста, жена одного адмирала. Аида при случайных знакомствах никогда не рассказывала, что она моя ассистентка. Знала, что покоя не будет от вопросов. Она представлялась чиновницей от эстрады, чаще всего бухгалтером из Госконцерта. Бухгалтерию Аида знала хорошо и могла поддержать любой разговор. Так она поступила и в тот раз. Очень быстро разговор перешел на меня,

---

[1] Аида Михайловна Мессинг-Рапопорт — жена и ассистентка Вольфа Мессинга.

потому что вся Одесса была заклеена моими афишами. «Я вам такое расскажу про этого Мессинга, что вы ахнете!» — сказала адмиральская жена. То и дело повторяя «честное слово» и «знаю от верных людей», она наговорила Аиде целый воз сплетен обо мне. О моих несуществующих любовницах, о моих коммерческих делах, о том, что в Одессе есть некий моряк, через которого я тайком передаю за границу советы по игре на бирже, о том, что моя ассистентка, которую я выдаю за жену, на самом деле мне не жена, а внебрачная дочь... Хотел бы я иметь дочь, пусть даже и внебрачную. Аида слушала-слушала, а потом раскрыла свое инкогнито. Сплетница покраснела, пулей выскочила из купе, и больше Аида до Москвы ее не видела, наверное, та перешла в другой вагон.

«Напиши! Ты же хорошо пишешь! Куда лучше, чем говоришь!» — убеждала меня жена. Она хранила что-то из моих писем и любила их перечитывать. Да, на бумаге я излагаю мысли лучше, чем в беседе. На бумаге мне проще. Никого вокруг, только я и мои мысли. Уединение — очень важный для меня фактор. Когда я разговариваю с человеком, я невольно отвлекаюсь на него, на его мысли. Труднее всего выступать перед залом. Это только кажется, что в зале тишина. Я слышу, то есть на самом деле не слышу, а вижу, ощущаю нечто вроде хора отрывистых возгласов. Трудно сосредоточиться, приходится прикладывать очень большие усилия. Поэтому после каждого выступления я чувствую себя разбитым. Во время выступлений я всякий раз сильно волнуюсь. От волнения моя речь становится сбивчивой, появляется акцент. О, сколько неприятностей я имел из-за этого акцента! Меня обвиняли в том, что я намеренно подделываюсь под иностранца, низкопоклонничаю и т. д. В чем только меня не обвиняли!

В последний раз к разговору о моих воспоминаниях Аида вернулась незадолго до своей смерти. Я хорошо понимал ее состояние и ее мысли. Уходить тяжело, уходить страшно, но тяжелее тому, кто остался. Моя жена заботилась обо мне до последнего вздоха и даже после своего ухода продолжала заботиться. Она хотела, чтобы после ее кончины я сел за книгу. Хотела, чтобы я пережил, переосмыслил все заново. Это, по ее мнению, должно было помочь мне справиться с горем. Но горе мое было так велико, что мне было не до воспоминаний. Целую вечность длилось мое горе. «В радости год пролетает как день, в горе день тянется как год», — говорила моя бабушка Рейзл, да будет благословенна ее память. Когда боль немного притупилась, я начал подумывать о том, что надо собраться и сесть за книгу. В этом я видел свой неисполненный долг перед покойной женой. Кроме того, я понял, насколько она была права. Кто, как не я, может рассказать обо мне?

При удаче и бык телится. Я уже выкроил немного времени для того, чтобы приняться за свой труд, когда один высокопоставленный товарищ пригласил меня к себе в кабинет и сказал, что люди хотят знать правду о Вольфе Мессинге. Мне было предложено написать о себе, о моей жизни. Мне обещали помощь, сказали, что книга выйдет большим тиражом не только в Советском Союзе, но и за границей. Скажу честно: возможность рассказать о себе всему миру меня увлекла. Раньше я думал о том, чтобы оставить после себя рукопись, которую то ли напечатают, то ли нет. А сейчас мою мечту взяли с неба и вложили мне в руку. «Садитесь, пишите, ждем, очень ждем!»

Старый волк[1] тоже попадается в капкан. Я так обрадовался, что не сразу обратил внимание на условия. Многие годы, прожитые с Аидой, избаловали меня. Моя покойная жена была ангелом. Она окружила меня такой заботой, о какой и мечтать было нельзя. В жизни много разных мелочей, отнимающих время, мешающих сосредоточиться. Я вспыльчивый, нервный. У меня такой

---

[1] Намек на собственное имя. Wolf переводится с немецкого и английского как «волк».

характер, что простая перепалка с электриком может выбить меня из колеи на целый день. Поход на рынок для меня тяжелое испытание, хождение по инстанциям — мука. Многие завидуют мне. Считают, раз я телепат, то могу легко добиться чего угодно от кого угодно. На самом деле это совсем не так. По ряду причин, среди которых нельзя забывать и про этику. Я живу по очень строгим правилам, которые сам для себя установил. Эти правила строже любых законов.

Условия на первый взгляд звучали обтекаемо, но суть их сводилась к тому, что обо мне должно быть написано то, что нужно товарищам из ЦК. Получилась какая-то полуправда, а полуправда — это та же самая ложь, только под другим именем. То, что я рассказывал о себе, проходило одну обработку, другую, третью... В результате я читал и удивлялся: о ком это написано? Если товарищи из ЦК заранее знали, что должно быть написано обо мне, они преспокойно могли бы обойтись без меня. Никого не виню, только себя. Не надо было соглашаться. Нельзя было быть таким наивным. Да, несмотря на все сверхъестественные способности, которые мне приписывает молва, я ужасно наивен. В нынешней жизни я мало что понимаю, и чем дальше, тем меньше понимаю. Я — человек старого времени, не похожего на нынешнее. С книгой меня тоже обманули. Слова «ваша книга» звучали несколько раз, но в конечном итоге дело закончилось журнальной публикацией[1]. Представляю, как читатели этих строк сейчас улыбнутся — неужели Вольфа Мессинга, умеющего читать чужие мысли, можно провести? Можно. За всю мою жизнь меня не раз обманывали. Я могу уловить многое из того, что недоступно другим, но читать чужие мысли как развернутый свиток я могу не всегда. И не стесняюсь в этом признаться. Для

---

[1] В 1965 году мемуары Вольфа Мессинга были опубликованы в журнале «Наука и религия» (с 7-го по 11-й номер). В тот же период фрагменты мемуаров печатались в журнале «Смена», газете «Советская Россия» и ряде других изданий.

каждого человека, каким бы он ни был, есть что-то невозможное, непознаваемое.

Против моей воли, несмотря на мои возражения, в мои «мемуары» были включены фразы, отрицающие существование Всевышнего. Атеизм в Советском Союзе считается государственной религией, но тем не менее здесь все верят в Бога. Стоит только поговорить с человеком откровенно или же прочитать его мысли, как убеждаешься в этом. Я просил обойтись без этих фраз, но мне ответили, что иначе и быть не может. Когда я прочел якобы свои собственные слова «мусор религиозности», то мне захотелось отшвырнуть журнал и тщательно вымыть руки. Пусть эти слова останутся на совести того, кто их придумал. И это говорилось от имени Вольфа Мессинга на весь мир! Я не праведник, мне очень далеко до праведника, но я не атеист и никогда не считал себя таковым.

Неудача с «мемуарами» надолго охладила мой пыл. Я почти расстался с идеей когда-нибудь взяться за перо. Если же эта мысль возвращалась ко мне, я говорил себе: «Не сейчас, еще не время, успею». Несколько раз во сне Аида приходила ко мне и смотрела на меня с укором. Ничего не говорила, только смотрела. Но я и во сне знал, о чем она думает. Наконец настало время, когда уже невозможно говорить себе: «Не сейчас, еще успею». Сейчас. Или никогда уже. В канун нового 1974 года, на пороге своего семидесятипятилетия, я взялся за перо, пообещав самому себе, что не брошу его, пока не допишу все до конца. «Взялся за перо» — как красиво звучит! На самом деле у меня в руке обычная шариковая ручка. До недавних пор я предпочитал перьевые ручки шариковым, я вообще очень старомодный человек, но, когда руки стали дрожать, пришлось изменить свои предпочтения. Обстоятельства владеют нами. Обстоятельства диктуют нам свою волю, а не наоборот. Человек — раб обстоятельств. Нам только кажется, что мы можем на что-то влиять. На самом деле нами от рождения до смерти управляет фатум. Кто может прозревать фатум, тот может предсказывать будущее. Иногда на будущее можно повлиять, если принять определенные меры. Но только иногда. Мне, например, не удастся отсрочить мой уход. Но, зная время своей кончины, я могу успеть закончить свой труд и могу не бояться последствий. Откровенная книга воспоминаний, да вдобавок изданная за рубежом, во «враждебной» капиталистической стране, может причинить автору множество неприятностей. Пускай! Мне уже будет все равно! Зато мне будет приятнее покидать свет, зная, что я оставлю потомкам правдивый рассказ о себе. Все, конечно, в подробностях написать не смогу, да и вряд ли кому-то это будет интересно, потому что подробности моей жизни ценны только для меня самого. Запишу самое важное. И начну не в хронологическом порядке. Мне хотелось бы начать с рассказа об Аиде, о лучших годах моей жизни. Шестнадцать лет мы были вместе, и каждый день я благодарил судьбу за то, что она послала мне эту замечательную женщину. Я догадывался о том, какой подарок уготован мне судьбой, но я и предположить не мог, насколько буду счастлив. У нас в Гуре[1] говорили: «Хорошая жена — лучшее благословение». Так оно и есть. А еще у нас говорили: «Не ищи красоты, а ищи доброты». Красота меня никогда не привлекала, потому что очень часто за красивым фасадом скрывалось ужасное. Если можешь прозревать внутренний мир человека, то ценишь его внутреннюю, истинную красоту. Но у Аиды внешность гармонировала с характером. Она была ангелом, моим ангелом-хранителем.

---

[1] Город Гура-Кальвария Варшавской губернии (ныне — Польша, Мазовецкое воеводство, Пясечинский повят), в котором в 1899 году родился Вольф Мессинг.

# Моя жена Аида

Увидев в первый раз Аиду (она сидела в зале, в третьем ряду с краю), я сразу же понял, что вот она — моя судьба. В тот вечер, к стыду своему, я не столько работал, сколько внушал ей, чтобы она подошла ко мне после выступления. Я бы и сам подошел первым, но прерывать выступление было неловко, а после него я мог не успеть, потому что сначала шли аплодисменты, а потом люди подходили с цветами, с вопросами, за автографами многие подходили. Шла война, многие спрашивали о судьбе родных, которые воевали или остались на оккупированных землях. Насчет этого у меня было строгое правило: всем отвечать только хорошее, обнадеживающее. Я считал себя не вправе отнимать у людей надежду. Надежда в то трудное время значила очень многое. На надежде держалась жизнь. Моя бабушка Рейзл говорила: «Плохая новость может и подождать». Случалось говорить неправду своим друзьям, которые спрашивали о пропавших без вести родственниках. Впоследствии некоторые обижались на меня за обман. Но я же человек, а не бездушный Голем![1] Разве я могу, глядя в глаза матери, сказать: «Ваш единственный сын мертв»? Не могу. Мой талант — тяжелейшая из нош. Когда мне завидуют, мне хочется воскликнуть: «Знаете ли вы, чему вы завидуете?! Кому вы завидуете?! Каторжнику!» Мой талант хуже любой каторги. С каторги еще можно убежать, а от себя самого не убежишь.

---

[1] Голем — персонаж еврейской мифологии, глиняный человек, оживленный при помощи магии.

Мои внушения возымели действие. После выступления Аида не ушла вместе с большинством зрителей, а осталась в зале. Она дождалась, пока я освобожусь, и подошла ко мне. К тому времени я знал о ней если не все, то почти все. Я не имею в виду подробности ее биографии. Я знал, кто она, какой она человек, знал, что она испытывает ко мне доброжелательный интерес. Доброжелательный интерес. Слово «любовь» настолько значимо и ответственно, что употребить его на основании непродолжительного наблюдения за человеком я не мог. Тем более что это наблюдение постоянно прерывалось общением с другими людьми. Про себя тоже не могу сказать, что влюбился в Аиду с первого взгляда. Когда тебе сорок пять (всего сорок пять, но тогда я казался себе стариком), влюбиться с первого взгляда уже невозможно. И со второго тоже. Надо хорошенько рассмотреть, что тебе предлагает судьба, а потом делать выводы. Но в то же время я знал, что Аида и есть моя судьба. На самом деле во мне как будто живут два человека. Один все знает наперед, а другой во всем сомневается. Как они уживаются друг с другом, я не понимаю. Но как-то уживаются, вот уже семьдесят пятый год уживаются.

Несколько встреч (кажется, их было три или четыре) убедили нас в том, что мы предназначены судьбой друг другу. Наши судьбы были во многом схожи. Обоим довелось многое пережить. У меня не осталось никого из родных, у Аиды — почти никого. У нее была сестра Ираида, которую она, а за ней и я называли только Ирочкой и никак иначе. Ирочка пережила блокаду, долго болела, Аида очень трогательно заботилась о ней. Эта замечательная женщина и обо мне заботилась очень трогательно. Ее большое сердце не допускало иного. Если Аида любила, то любила самозабвенно, если ненавидела — то от всей души. Когда мы стали жить вместе, я как будто попал в рай. Из моей жизни исчезло множество докучливых забот. Исчезло все, что меня раздражало. То, на что у меня уходили часы, Аида решала в считанные мгновения. «Добрая волшебница, где твоя волшебная палочка?» — спрашивал я. «Здесь», — отвечала она, положив руку на грудь. Если на свете среди людей живут ангелы, то моя Аидочка была одним из них.

Не все могли разглядеть ее ангельскую сущность. Многим она казалась строгой, даже грубой, безапелляционной. Один эстрадный деятель, сатирик, чье имя не хочу называть, прозвал Аиду «пани Мессинг». В этом совершенно невинном обращении на польский лад (по-польски Аида и была «пани Мессинг») крылась едкая ирония. Слово «пани» в Советском Союзе звучало совсем не так, как в Польше. В Советском Союзе от этого слова веяло нехорошим — барством, безапелляционностью, чванством. Всем тем, чего у Аиды не было и в помине. Превратное впечатление о моей жене сложилось из-за ее сценического амплуа моей ассистентки. Да, на сцене она была строгой, не улыбалась, не шутила, пресекала чересчур вольное поведение зрителей. Не секрет, что на мои выступления приходили и приходят не только те, кому на самом деле интересно, но и те, кому хочется «разоблачить», «вывести на чистую воду». Где они видели эту чистую воду? Кого они хотят разоблачить? Но тем не менее своим поведением один-единственный разоблачитель или просто плохо воспитанный человек может сорвать все выступление. Я очень нервный человек. Стоит мне выйти из себя, и я уже не могу работать. А «вхожу в себя» я долго, на это требуется несколько часов уединения и спокойствия. Аида «держала зал» на своих плечах во время моих выступлений. Она удаляла хамов и «разоблачителей», руководила теми, кто задавал вопросы (я не терплю, когда несколько человек начинают говорить одновременно), соблюдала регламент. Я человек увлекающийся. Порой могу увлечься так, что начисто забываю о времени. Временами я доставлял Аиде больше хлопот, чем зрители в зале.

Аида держала в своей прелестной головке все-все, все нюансы с мелочами. Если в зале дуло из щелей или были проблемы с освещением, она требовала, чтобы немедленно навели порядок. «Имейте уважение к людям!» — говорила она и строго хмурила брови. Администраторы всех рангов ее побаивались, знали, что она от своего не отступится. В отместку они распространяли о ней и о нас слухи, один фантастичнее другого. С их легкой руки (хотя правильнее было бы написать «с их грязных языков») пошла молва о том, что Вольф Мессинг находится под каблуком у своей супруги, что он якобы без ее разрешения и шагу ступить не может. Вздорные люди! Дай бог каждому оказаться под таким «каблуком», под каким оказался я! Кроме такого «каблука», никакого другого счастья человеку не надо. Такой «каблук» сам по себе есть счастье! А на деле никакого каблука не было! Аида никогда ничего за меня не решала. Она всегда советовалась со мной и поступала так, как я говорил. Но были дела, решение которых я полностью передал на ее усмотрение. Например, график моих выступлений она составляла самостоятельно, потому что лучше разбиралась как в географии Советского Союза, так и в различных местных нюансах, о которых я понятия не имел. Прожив полжизни в другой стране, в другом мире, я о многом до сих пор не имею понятия. Есть вещи, которые впитываются с молоком матери, усваиваются с детства. Аидочка умела составить график гастрольной поездки с учетом всех особенностей железнодорожного расписания. Она верно представляла, в каком городе сколько раз нужно выступить. Она умела находить общий язык с многочисленными людьми, от которых зависело удобство нашей жизни. Я могу просить и могу требовать, порой могу призвать на помощь телепатию, а моя покойная жена умела потребовать так, что это выглядело вежливой просьбой. И у нее была своя телепатия, которая называлась обаянием. Мне больше нравится звучное французское слово «шарм». У Аиды было море этого самого шарма. «Откуда?» — удивлялся я. Аида шутила: «Я же внучка

шадхена»[1]. Ее дед по матери был известным на всю черту[2] шадхеном. Шадхену положено уметь находить общий язык с людьми так же, как балагуле[3] положено ладить с лошадьми. Другой дед Аиды был коммерсантом, фактором[4]. Можно считать, что умение ладить с людьми у нее наследственное. Я этого не умею, трудно схожусь с людьми. И отец мой этого не умел, и дед тоже. Они были арендаторами у помещиков. Им не с кем было ладить. Помещиков интересовали деньги, поденщиков тоже деньги. Знай плати всем, только откуда взять эти деньги? Когда в Советском Союзе совершенно посторонний человек впервые на моей памяти назвал моего отца эксплуататором, я не обиделся, а удивился. Начал объяснять ему, как доставался арендатору его кусок хлеба. Это только название — арендатор. На самом деле мы работали на земле всем семейством. Хорош эксплуататор, который первым делом гонит собирать фрукты жену и детей и сам тоже работает вместе с ними! И никто из поденщиков никогда не упрекал отца ни в чем. Наоборот, они были рады тому, что получили возможность заработать. Времена были такие, что каждый грош был на счету.

В юности Аида мечтала стать актрисой. Некоторое время она проучилась в одной из театральных студий. По ее словам, таких студий в то время было много. «Когда слишком много, то нехорошо», — говорили у нас дома. Аиде не повезло. Ей не встретил-

---

[1] Шадхен (шадхан) — сват, посредник при заключении брака у евреев. Поиску подходящей пары традиционно придается большое значение, поэтому эта профессия считается весьма почтенной.

[2] «Чертой», или, чаще, «чертой оседлости» (полностью: «черта постоянной еврейской оседлости») в Российской империи с 1791 по 1917 год была граница территории, за пределами которой запрещалось постоянное жительство всем евреям, за исключением нескольких категорий. Часто «чертой» называли территорию, на которой жили евреи. Мессинг хотел сказать, что дед его супруги был сватом, пользовавшимся известностью среди всех евреев Российской империи.

[3] Балагула — извозчик (*идиш*). От ивритского «баал-аагала» — «владелец колесницы».

[4] Фактор — агент, торговый посредник (*идиш*).

ся режиссер, который смог бы раскрыть ее способности. Актеру нужен режиссер, нужен человек, который укажет правильный путь и поможет сделать первые шаги. Или, если речь идет об эстраде, нужен старший товарищ, наставник. Мастер должен быть рядом, маэстро. Аида не встретила своего маэстро, упустила время, стала сомневаться в себе. Ее никто не поддержал в трудный момент. Аидиной матери не нравился выбор дочери. «Ни Сара, ни Ривка, ни Рахель, ни Лея[1] не были комедиантками», — укоряла Аиду мать. Ей хотелось для дочери обычного женского счастья. Мать выросла в нужде, в многодетной еврейской семье, в которой на один кусок разевалось три рта. И кроме того, как я уже писал, она была дочерью шадхена. Поэтому для своей любимой дочери она видела одну карьеру — удачное замужество. По настоянию матери, без любви, Аида вышла замуж за довольно высокопоставленного партийного деятеля, который успешно делал карьеру. Я не мог взять в толк, что у него была за должность, пока Аида не объяснила, что ее муж был кем-то вроде попечителя учебного округа в генеральском чине. Аиде повезло, если можно назвать везением брак по принуждению. Ее муж был добрым, хорошим, чутким человеком. Он любил ее, старался исполнять все ее желания. Но брак продлился недолго. Муж Аиды сделал свою карьеру благодаря Троцкому[2], с которым он чуть ли не в хедер[3] вместе ходил. Как только звезда Троц-

---

[1] Сара (жена Авраама), Ривка (жена Ицхака), Рахель и Лея (жены Иакова) — четыре праматери в иудаизме, чьи имена стали нарицательными. «Да уподобишься ты Саре, Ривке, Рахили и Лее!» — традиционное родительское пожелание дочери.

[2] Лев Давидович Троцкий (Лейб Давидович Бронштейн, 1879—1940) — видный коммунистический деятель, соратник В.И. Ленина, автор теории перманентной революции. В первом советском правительстве был наркомом по иностранным делам, с 1918 по 1925 год — наркомом по военным и морским делам и председателем Реввоенсовета РСФСР (СССР). С 1923 года являлся лидером внутрипартийной левой оппозиции. В 1927 году Л. Троцкий был выведен из состава Политбюро ЦК и исключен из партии. В январе 1928-го был сослан в Алма-Ату, а в 1929-м по решению Политбюро был выдворен за пределы СССР.

[3] Хедер — еврейская религиозная начальная школа.

кого закатилась (позже я еще коснусь этого обстоятельства), закатилась и звездочка мужа Аиды. Он был арестован, обвинен в контрреволюционной деятельности и расстрелян. Аида осталась на свободе, но от переживаний у нее случился выкидыш, и она больше не могла иметь детей. Мать, сознавая то, что она своими руками устроила дочери трагический брак, с горя заболела и умерла. Отец умер задолго до этого. У Аидочки из всех родных осталась сестра Ирочка. Но Ирочка жила с мужем в Ленинграде, а Аида — в Москве. Она дружила с актером Иосифом Рапопортом[1], с которым познакомилась во время своего увлечения театром. Это была простая человеческая дружба, ничего более. Благодаря совпадению фамилий их часто принимали за брата и сестру. У них даже отчества были одинаковыми, только Мордхе — отец Иосифа на русский лад переделался в Матвея, а Мордхе — отец Аиды стал Михаилом. Овдовев, Аида была вынуждена пойти работать. Иосиф свел ее кое с кем из эстрадных артистов. К моменту знакомства со мной у Аиды был большой сценический опыт. Она была профессиональной ассистенткой. Неправы те, кто преуменьшает роль ассистента, те, кто считает, что ассистентом может быть любой человек. О нет, ассистировать — это целое искусство! Не меньшее, чем выступать на сцене. Недаром есть шутка: «Хорошего ассистента найти труднее, чем хорошую жену». Мне повезло — я обрел и то и другое.

Тот, кто обжегся, дует и на холодное. Память о неудачном браке засела глубоко в сердце Аиды. Она не сразу приняла мое предложение, сказала, что ей надо подумать, но все же приняла его.

Ангел! Ангел! Это был ангел во плоти! Просыпаясь по ночам (я часто просыпаюсь по ночам, это нервное), я спрашивал себя:

---

[1] Рапопорт Иосиф Матвеевич (1901–1970) — театральный режиссер и педагог, преподаватель Театрального училища им. Б.В. Щукина. Заслуженный деятель искусств РСФСР, заслуженный артист РСФСР.

«Велвеле[1], за что тебе такое счастье?» Я не мог ответить на этот вопрос. Настоящее счастье всегда незаслуженно. Чем можно заслужить счастье? Какими подвигами? Какими добрыми делами? Подвигов я не совершал. Добрые дела иногда делал, но не столько их было, моих добрых дел... Я не отказывал людям в помощи, если мог помочь им, но не вижу в этом какой-то особой заслуги, потому что если мне кто-то помогал, то и я должен кому-то помочь. А мне много помогали, причем очень часто помогали совершенно посторонние люди. О некоторых я напишу дальше. Может, напишу не обо всех, но помню я всех своих благодетелей и для каждого прошу у Бога добра. Отношения с Богом у меня сложились странные. Оказавшись там, где я оказался, я был вынужден скрывать свою религиозность. Я никогда не был ревнителем веры, но атеистом тем более не был. В стране, где атеизм был возведен в ранг национальной религии, мне пришлось маскировать свою веру под причуды старомодного человека. Иначе было нельзя. Но седер[2] есть седер, если он проведен должным образом даже как причуда старомодного человека. У нас не было детей, поэтому афикоман[3] всегда искала Аида. Мне невозможно было это делать, потому что я бы знал, где спрятан афикоман, еще до того, как он был бы спрятан. Спрятанное я нахожу мгновенно, стоит лишь взглянуть на человека, который спрятал. Можно и не глядеть, достаточно взять за руку или просто находиться рядом. Молва незаслуженно приписывает мне невероятные успехи в поисках кладов. Увы, я не могу найти клада, не вступив в контакт с человеком, его спрятавшим. Сам по себе

---

[1] Велвеле — уменьшительное от «Велвел» или «Велвл», настоящего имени Вольфа Мессинга, в переводе с идиша означающего «волчонок».

[2] Седер (Седер Песах) — ритуальная семейная трапеза во время праздника Песах.

[3] Афикоман — часть мацы, которую заворачивают в салфетку и прячут во время пасхальной трапезы. Традиционно афикоман ищут дети, нашедший получает подарок. Трапеза считается оконченной после того, как каждый участник седера съедает кусочек афикомана.

клад не подает никаких сигналов. Нюха на золото и драгоценности, подобного нюху на воду, которым обладают некоторые люди, у меня нет. Но человек, который что-то спрятал, расскажет мне об этом даже против своей воли. Несколько раз это мое качество послужило торжеству справедливости. В Лонжюмо, близ Парижа, я помог полиции разоблачить человека, нет, не человека, а выродка, который ради получения наследства отравил свою мать. Он спрятал настоящее завещание за одной из висевших на стене картин, а поддельное положил в стол. На вопрос, почему он не сжег завещание, выродок ответил, что хотел сохранить его на память о матери. В Данциге[1] я нашел драгоценности, украденные у моей соседки по отелю одной из горничных. Кража вызвала огромный переполох, потому что были украдены фамильные драгоценности одного из самых блистательных аристократических семейств Польши. Узнав о краже, я попросил директора отеля собрать весь персонал в вестибюле. Воровку я увидел сразу и сразу же узнал, где она спрятала украденное. Девушка была молода, я пожалел ее и назвал только место, но не имя воровки. На следующий день я обнаружил у себя в номере на кровати прелестный кисет, вышитый бисером, и понял, что то был дар благодарности за мое молчание. Кисет долгое время служил мне, пока его не отобрали в гестапо.

Аиде нравилось во мне все, кроме одного — что я много курю. Она уговаривала меня курить меньше, а то и вовсе отказаться от этой привычки. Она была права, потому что все мое нездоровье происходит в первую очередь от курения. Но что поделать? Табак для меня необходим. Должен заметить, что пеняла Аида очень деликатно, не обидно, не назойливо. У нее было чудесное свойство говорить самую неприятную правду так, что люди на нее не обижались. Я так не умею. Я иногда такой комплимент сдуру скажу, что человек обидится, хотя

---

[1] Старое немецкое название польского города Гданьска.

я совсем не желал его обидеть. Я раздражителен, часто бывало так, что мое раздражение выходило за допустимые рамки. Аида сразу вмешивалась и все сглаживала. Наедине мы часто звали друг друга «папочкой» и «мамочкой». Аида называла меня «папочкой», потому что я был старше и многое повидал в жизни (эх, я бы предпочел повидать гораздо меньше, но судьба меня не спрашивала). А я звал ее «мамочкой», потому что она заботилась обо мне как настоящая мать. Пусть мои слова не прозвучат никому упреком, потому что я никого не собираюсь упрекать, но родная мать не проявляла столько заботы обо мне, сколько проявляла Аида. То был подвиг, самопожертвование. То была настоящая любовь.

Я очень любил слушать рассказы Аиды. Закрывал глаза, отключал все чувства, кроме слуха, и слушал, слушал, слушал... Только слушал, не улавливал никаких fluidus[1]. На время из Мессинга превращался в обычного человека, мужа самой замечательной жены на свете.

Про подвиг я упомянул не просто так. Забота Аиды обо мне была настоящим подвигом. Тяжело болея, она ухитрялась совмещать мое расписание с планом своего лечения и ездила со мной до тех пор, пока силы совершенно не оставили ее. О, как я корил себя за то, что в свое время не проявил должной настойчивости, не взял ее за руку и не отвел к врачу. Видел же! Понимал! Знал! Но счел неуместным проявлять чрезмерную настойчивость. Сказал раз, сказал два — и удовлетворился ее уклончивыми ответами. А ей, бедняжке, было страшно признаваться самой себе в том, что в ее теле поселилась смертельная болезнь. Она тянула время, а я, старый глупец, пошел у нее на поводу. До сих пор не могу себе этого простить и никогда уже не прощу. Спустя несколько месяцев после смерти Аиды Ирочка упрекнула меня: как я мог быть рядом с Аидой и позволить ей так запустить болезнь? Я не

---

[1] Fluidus (*лат.*) — флюиды.

знал, что ответить, и заплакал. Мы плакали вместе, долго. После смерти Аиды наши отношения с Ирочкой изменились. У Ирочки не было той чуткости, которая была присуща ее сестре. Она упрекала меня не столько словами, сколько в мыслях — но я же все это понимал. Говорят, что общее горе сближает. Нас с Ирочкой оно, напротив, разобщило. Ушел человек, который связывал нас, и мы стали чужими друг другу.

Женившись, я осознал смысл польской пословицы «Kto się ożeni, to się odmieni»[1]. Семейная жизнь меняет людей, делает их счастливыми или несчастными, заставляет иначе смотреть на мир. От некоторых людей, в том числе и от тех, кого я весьма уважаю, мне приходилось слышать, что супругам не стоит работать вместе. Нельзя постоянно, и дома, и на работе, быть на глазах друг у друга. Надо друг от друга отдыхать. Мне искренне жаль тех, кто так считает. От чего отдыхать? От счастья? Мне никогда не надоедало видеть Аиду. Мне никогда не хотелось «отдохнуть» от нее. Напротив, стоило нам расстаться на день или на два, как я начинал испытывать такую тоску, которая выбивала меня из равновесия. Когда Аида ушла навсегда, мне казалось, что я не смогу пережить ее ухода. Но вот смог, пережил и уже который год живу в ожидании нашей встречи там. Думаю об Аиде каждый день, но во сне вижу ее нечасто.

«Что я могу для тебя сделать?» — в отчаянии спросил я у Аиды незадолго до ее смерти. Я готов был совершить невозможное, готов был достать луну с неба, если бы это могло исцелить мою бедную жену. «Не пиши на памятнике дату моего рождения, — неожиданно попросила она. — Не люблю, когда ходят по кладбищу и высчитывают, кто сколько прожил». Я поступил так, как она просила. Аида не любила афишировать свой возраст. Говорила, что чувствует себя моложе своих лет, и так оно на самом деле и было. За небольшую взятку ей даже удалось изменить дату

---

[1] «Кто женится, тот изменится» *(польск.)*.

рождения в документах. Меня это милое женское кокетство забавляло.

Когда-то мы с Аидой мечтали, как будем жить долго и счастливо. Вернее, мечтала она, я только поддакивал. Я чувствовал, что наше счастье будет не таким уж и долгим, и оттого дорожил каждым днем, прожитым вместе с моей любимой женой.

У меня давно другая ассистентка, но нередко во время выступлений мне кажется, что мне ассистирует Аида. Как будто дух ее является мне. Но это случается, только когда я на сцене.

# Пилсудский

Я всегда рассказываю правду о себе. Рассказываю все как было на самом деле, ничего не преувеличивая. Чужой славы мне не надо, хватает своей, а ложь всплывает, как масло в воде. Все вымыслы, которые ходят обо мне, рождены не мной, хотя многие выдумщики говорят: «А мне сам Мессинг рассказывал...» С моими воспоминаниями произошел вопиющий случай. Сейчас, по прошествии многих лет, я воспринимаю его как анекдот, но тогда возмущению моему не было предела. В своих воспоминаниях, в якобы своих воспоминаниях, я наткнулся на рассказ о моей поездке в Индию и встрече с Махатмой Ганди![1] Но я никогда в жизни не бывал в Индии и не встречался с Ганди! Имя его ни разу не звучало в моих воспоминаниях. Признаться, я о нем ничего не знал, только слышал краем уха, что есть такой политик. В ответ на высказанное возмущение мне объяснили, что Ганди появился в моих воспоминаниях «по политическим соображениям». Крепнет советско-индийская дружба, и будет хорошо, если такой известный человек, как Вольф Мессинг, скажет несколько теплых слов о Махатме Ганди! Меня сразил наповал аргумент: «Разве вам жалко нескольких слов для Махатмы Ганди?!» Мне не жалко, тем более что он весьма достойный человек, но зачем заставлять меня говорить неправду? Вот уже который год я вынужден рассказывать во время своих выступлений о встрече с Махатмой Ганди. О встрече, которой не было.

---

[1] Махатма (Мохандас Карамчанд) Ганди (1869–1948) — индийский политический и духовный лидер, один из руководителей и идеологов движения за независимость Индии от Великобритании, основатель Республики Индия.

И о своей поездке в Индию вынужден рассказывать. Интерес к Индии велик, поэтому мне задают эти вопросы чуть ли не на каждой встрече. Я стараюсь быстро пересказать отрывок из моих воспоминаний и перейти к следующему вопросу. Дурацкое состояние, когда ты вынужден врать. Но русские недаром говорят: «Что написано пером, того не вырубить топором». Хуже всего бывает, когда на моем выступлении оказываются индусы. Это случается довольно-таки часто. Они сразу же начинают выспрашивать подробности. Боясь быть разоблаченным в чужой лжи, я делаю знак ассистентке, и она просит зрителей не отвлекать меня лишними вопросами, не сбивать мой настрой.

Были в моих «воспоминаниях» и другие вымышленные моменты. Я о них скажу позже, к месту.

Я всегда рассказываю правду о себе. Но однажды я сказал о себе неправду намеренно. Теперь уже могу в этом признаться. В анкетах и автобиографиях я писал, что служил в польской армии с 1921 по 1922 год. На самом же деле моя служба пришлась на конец советско-польской войны. Я был призван в марте 1920 года и демобилизовался в мае следующего года. Можно было вообще не указывать в анкетах этого обстоятельства, но я указал, только немного сдвинул даты, чтобы не считаться «врагом» — участником советско-польской войны на стороне поляков. В боевых действиях я и в самом деле не участвовал, служил в санитарах. Военный чин (не помню уже его звание), от которого зависела моя судьба, увидев меня, брезгливо процедил сквозь зубы: «Żyd nie jest żołnierzem»[1], — и отправил меня служить в санитарную часть. Я всегда болезненно воспринимал нападки на мою национальность, но в тот раз не возмутился, потому что я и в самом деле был не солдат — хилый, тощий, нескладный, близорукий. Кроме того, я представить не мог, как возьму винтовку и стану стрелять в людей. Тем более — в совершенно незнакомых, которые мне

---

[1] «Еврей — не солдат» *(польск.)*.

ничего плохого не сделали. А вот санитарное дело пришлось мне по душе. Я сострадательный человек, и мне нравилось помогать раненым, заботиться о них. Делать добрые дела вообще приятно.

Юзеф Пилсудский[1] был первым из сильных мира сего, с которыми меня свела судьба. Наша встреча произошла в мае 1920 года в Варшаве. Незадолго до того Пилсудский стал первым маршалом Польши, и от меня не укрылось, как он этим гордился. Меня доставили к Пилсудскому в смятении и растерянности. А что мог подумать простой санитар, когда за ним вдруг являются поручик и трое солдат, велят немедленно собраться и везут в Варшаву под конвоем? И при этом сами не знают, куда именно и зачем они меня везут. Им приказано доставить меня в такое-то место, они выполняют приказ. Я пытался узнать, что меня ждет, но в тот момент мое будущее было от меня скрыто. Не всегда удается видеть будущее, тем более свое собственное. Нужен определенный настрой, а я нервничал, потому что солдаты обращались со мной не очень-то вежливо. Когда я замешкался у вагона, один из них грубо ударил меня прикладом по спине, а поручик, вместо того чтобы сделать замечание грубияну, обругал меня. Такое отношение не могло не обеспокоить меня. Перебрав в уме все возможные варианты, я решил, что меня сочли виновным в шпионаже. Тогда у поляков принято было считать всех евреев красными шпионами. Как санитар я не имел доступа ни к каким ценным сведениям, но в чем еще могли меня обвинить? Службу свою я исполнял добросовестно, был на хорошем счету у начальства. К тому же за мелкие провинности, такие, например, как нерадивость или кража, наказывали на месте. В Варшаву, да еще под таким сильным конвоем (четыре человека на одного меня, безоружного) могли везти только по обвинению в шпионаже. «Плохи твои дела, Велвеле», — сказал я себе и стал

---

[1] Юзеф Пилсудский (1867–1935) — польский государственный и политический деятель, первый глава возрожденного польского государства, основатель польской армии, маршал Польши.

сочинять речь в свое оправдание. Вот, думаю, начну с того, что служу уже не первый день, что служу старательно, что пан капитан Журек мною доволен и т. п. Фамилию капитана я запомнил на всю жизнь, потому что очень люблю этот суп[1]. Настолько, что Аидочка по моей просьбе выучилась его готовить.

В Варшаве меня привели в какой-то штаб, где было полным-полно военных чином не ниже майора. Увидев, что меня привезли не в тюрьму, я успокоился. Беспокойство ушло, осталось только любопытство. Полковник (не кто-нибудь, а полковник!), которому меня передал поручик, обращался со мной, двадцатилетним санитаром, как с равным. Спросил, хорошо ли я доехал и не голоден ли я. Я был голоден, потому что в дороге питался галетами, запивая их водой. Однако ответил, что со мной все в порядке, и спросил, могу ли я узнать, что происходит. Полковник ответил, что меня хотят видеть высокопоставленные особы. Я уже понял это, вплоть до имен особ, которых он мне не назвал, но моя догадка была настолько неожиданной, что я захотел получить словесное подтверждение, и получил его. После непродолжительного ожидания в большой приемной меня провели в кабинет, где за длинным столом сидели четверо: маршал Пилсудский, два генерала и человек в штатском костюме. Их имена были мне неинтересны, поэтому я их не запомнил. Пилсудский единственный среди них выглядел не напыщенно, а величественно. Стоило мне встретиться с ним взглядами, как сразу стало ясно, что передо мной очень умный, сильный, волевой и очень проницательный человек. Взгляд у Пилсудского был тяжелым. Мне показалось, будто сказочный великан положил мне руки на плечи, но я выдержал взгляд. Пилсудскому это понравилось. Его длинные усы дернулись, а взгляд немного потеплел. Пилсудский указал рукой на один из свободных сту-

---

[1] Журек (жур) — блюдо польской и белорусской кухни, суп на основе закваски из ржаной или овсяной муки.

льев, но я поблагодарил его кивком и остался стоять на ногах. Не потому, что хотел показать свое рвение, а из других соображений. Стул находился дальше от Пилсудского, чем стоял я, а мне хотелось быть как можно ближе к нему, чтобы не пропустить ни одного сигнала, ни одного движения. Кроме того, стоя мне легче работать, нежели сидя. Нервное возбуждение не дает усидеть на месте.

Разговор начал Пилсудский. Он сказал, что слышал обо мне от дипломата Йодко-Наркевича[1], который побывал на одном из моих выступлений в Варшаве. Я не мог предположить, что такой человек заинтересуется моей персоной. Тогда я еще не был избалован вниманием высокопоставленных особ. «Вы хорошо спрятались, вас было нелегко найти», — пошутил Пилсудский и перешел к делу. Он сказал, что у него исчез очень ценный портсигар, серебряный, не золотой, но который дорог ему как память. Пилсудский спросил, не могу ли я найти портсигар.

Я понял, что это только испытание. Главное впереди. Было ясно, что портсигар спрятан где-то здесь, рядом, в кабинете или в здании. Я попал в неловкое положение. Для того чтобы найти портсигар наверняка, мне было нужно установить телесный контакт с Пилсудским, то есть взять его за руку. Так я могу улавливать даже самые незначительные импульсы. Но это было невозможно. Как я, простой санитар, могу позволить себе такую вольность по отношению к маршалу? Он маршал, шляхтич, аристократ, а я бедный еврей-санитар! Поляки очень щепетильны в отношении приличий. Тем более нас разделял стол. Он пролегал между нами как граница. А если не взять Пилсудского за руку, то был шанс ошибиться и провалить испытание. Или просто затянуть поиски. А мне очень хотелось произвести впечатление на этих важных господ. Хотелось сразить их наповал, чтобы

---

[1] Витольд Йодко-Наркевич (1864—1924) — польский революционер, политический деятель, публицист, дипломат. В 1920—1921 годах исполнял обязанности посла Польши в Османской империи в Стамбуле.

они поняли, с кем имеют дело. В молодости я был очень гордым, пока жизнь не сбила с меня спесь.

Со временем я научился обходиться без телесного контакта, но тогда это умение еще не было отточено должным образом. Телесный контакт очень важен в том случае, когда приходится выступать при большом количестве людей. Нужно сосредоточиться на мыслях и чувствах одного человека, моего индуктора, выделить его из толпы. Нужно услышать его мысли сквозь хаотический шум прочих мыслей. Зрелищность, наглядность тоже имеет некоторое значение: человек выходит из зала на сцену, я беру его за руку и так далее. Но сейчас требовалась не наглядность, а портсигар, и передо мной было всего четыре человека. На мое счастье, они, сами того не желая, помогли мне. Во время небольшой паузы каждый из четверых по очереди ненадолго скосил глаза влево, на портьеру, наполовину закрывавшую окно. Взгляды были быстрыми, незаметными, но для меня это было все равно, что указать пальцем. Не говоря ни слова, я подошел к портьере и картинным жестом отдернул ее. На подоконнике лежал портсигар. Тяжелый, серебряный, с гравированной надписью. «Вот ваша пропажа, пан маршал», — сказал я, передавая портсигар Пилсудскому. «Как вы это делаете?» — удивился он. Господа переглянулись, пошептались. Я ждал. Пилсудский убрал портсигар в карман и спросил, могу ли я видеть будущее. Я ответил, что иногда мне это удается, но для этого нужен особый настрой, и далеко не все, что захочу, я могу увидеть. Его вопрос я прочел во взгляде: Пилсудский хотел узнать, чем закончится война с Советской Россией. Война эта шла с переменным успехом. То поляки занимали Киев, то Красная Армия подходила к Варшаве. Правда, на момент нашего разговора удача была на стороне поляков. Тухачевский[1] пытался выбить

---

[1] Михаил Николаевич Тухачевский (1893–1937) — советский военачальник, Маршал Советского Союза (1935). Расстрелян в 1937 году по «Делу военных», реабилитирован в 1957 году.

их из Киева, но это пока еще ему не удавалось. Но Пилсудский не обольщался отдельными победами. Его как главнокомандующего интересовала победа в войне. Во взгляде его проступала тревога. Он понимал, что русские могут выставить против него большие силы. У Красной Армии были резервы, а у польской их не было. Поляки уповали на Англию, но англичане помогали все меньше и меньше.

Я знал ответ на этот вопрос заранее. Ответ пришел ко мне двумя неделями раньше. Меня, как и всех вокруг, интересовало, когда кончится война. По окончании войны все желающие могли демобилизоваться. Я ждал демобилизации с нетерпением. В один из дней, падая от усталости и донельзя голодный (из-за перебоев со снабжением иногда случалось не есть сутками), я прикорнул на каких-то ящиках, чтобы немного отдохнуть. Сперва мне показалось, что я засыпаю, но то был не сон, а особое состояние, во время которого мне открывалось будущее. Это состояние принято называть трансом. Во время транса я увидел многое. Карту Польши, заголовки газет, торжественные марши... Я видел только заголовки, но знал все, что было написано в газетах. Никому о своем видении не рассказал. Честно говоря, во время службы у меня сложились не очень хорошие отношения с моими «соратниками». Узнав о том, кто я такой, они начали надо мной насмехаться, докучали мне дурацкими вопросами и просьбами. Я понимал, что они делают это не со зла, а всего лишь желают развлечься, но мне от этого легче не становилось. Я огрызался, возмущался, меня задевали больше. Наконец я прибегнул к правильной тактике. Я ушел в себя, перестал обращать внимание на глупые шутки. Вскоре меня оставили в покое. Вызывать новую волну насмешек, рассказав о своем видении, мне не хотелось. Я настроился на то, что служить мне осталось около года, и тянул свою лямку.

Пилсудский спросил, чем закончится война. Я ответил, что поляки скоро победят, но до этого им придется отступить едва ли не до Варшавы. Чаша весов вначале склонится в одну сторону, затем в другую. Я предсказал «Чудо на Висле»[1]. «Следует опасаться Тухачевского, — добавил я, — это гениальный полководец». «Это мальчишка! Поручик! — презрительно сказал один из генералов. — Он всю войну просидел в плену у немцев! Откуда ему было набраться опыта?» Я промолчал, подумав про себя, что скажет генерал, когда Красная Армия подойдет к Праге[2]. Другой генерал добавил, что Тухачевскому ни за что не удастся выбить поляков из Киева. Я промолчал. Что толку спорить о том, чего не произошло? Генералы начали смотреть на меня с видимой иронией. Я читал их мысли: «Этому шарлатану посчастливилось случайно найти портсигар, а теперь он рассказывает нам сказки». Меня это задело. Даже больше — разозлило. Почему они так думают? Почему они судят о том, о чем не имеют понятия? Захотелось щелкнуть их по их длинным (оба были длинноносые) аристократическим носам. Тем более что время у меня было. Пилсудский хмурился и молчал — он думал. Я сосредоточил свое внимание сначала на одном генерале, потом на другом. На каждого потратил несколько секунд. Раздражение сказывается на моих способностях по-разному. Чаще всего я не могу работать, «теряю нюх», как выражалась моя покойная жена. Но иногда, когда меня задевают за живое, вызывая не просто раздражение, а настоящий гнев, мои чувства обостряются до предела. Я спросил, можно ли мне сказать кое-что почтенным панам. Пилсудский кивнул. Я посмотрел на первого генерала и сказал ему, что он напрасно скупает акции украин-

---

[1] Варшавская битва 13—25 августа 1920 года, известная также как «Чудо на Висле», — одно из ключевых сражений Советско-польской войны 1919—1921 годов, в котором польские войска под командованием Ю. Пилсудского смогли остановить наступление Красной Армии, которой командовал М.Н. Тухачевский, и вынудить ее к отступлению, совершив тем самым перелом в ходе войны. В результате Польша сохранила независимость. 18 марта 1921 года в Риге был подписан мирный договор между СССР и Польшей.

[2] Имеется в виду не столица Чехии, а одноименный район Варшавы.

ских сахарных заводов. В Киеве, Житомире, Херсоне и Одессе будут править большевики. Генерал изменился в лице и посмотрел на меня так, будто увидел своего покойного дедушку. Другому генералу я сказал, что пани Малгожату сильно смущает разница в возрасте. Я не знал, что думает незнакомая мне пани, с которой у генерала была интрижка, но он думал, что слишком стар для нее, — почему бы не укрепить его в этой мысли? Я был сильно разгневан. По сей день не выношу, когда мои способности подвергаются сомнению. А в молодости я был чистый порох. Вспыхивал от одной искорки. Второй генерал покраснел и начал в растерянности жевать свой ус. Пилсудский хмыкнул. Во взгляде его я прочел одобрение. Ему явно понравилось, как я уколол важных генералов. Господин в штатском заерзал на стуле и вежливо спросил, не могу ли я и ему что-нибудь сказать. Этот господин не думал обо мне плохо. Ему было любопытно. Любопытство — это естественное чувство для человека, который сталкивается с чем-то необычным. «Пусть почтенный пан не беспокоится насчет своей дочери, — сказал я. — Она непременно поправится. Ей уже лучше». Я знал, что говорю, то было не простое утешение. Между родными по крови людьми, а также между людьми, которые долгое время прожили бок о бок, существует особая незримая связь. Они ее не ощущают или же ощущают редко, в самые судьбоносные моменты, но я способен уловить эти незримые импульсы. Но только между близкими друг другу людьми. Увидеть пани Малгожату, про которую думал генерал, я не смог, потому что для такой связи простой интрижки мало. А связь между отцом и дочерью позволила мне увидеть больную девушку, лежавшую в постели. Она спала, ровно дышала и чувствовалось, что с ней все хорошо, что она уже пошла на поправку. «Как он мог узнать, что моя Басюня больна?!» — удивленно воскликнул штатский. Генералы промолчали, а Пилсудский попросил оставить нас одних. Когда все ушли, он спросил у меня, могу ли я открыть его будущее. Я ответил, что могу попробовать, но для этого мне надо сосредоточиться. Для того чтобы увидеть будущее, брать человека за руку нет необходимости, не было и тогда. Здесь важна сосредоточенность, особое состояние, которое называется трансом. Я сел за стол напротив Пилсудского, закрыл глаза и начал глубоко размеренно дышать. Правильное дыхание очень важно для погружения в транс. В какой-то момент ритм дыхания сливается с биением сердца, потому что сердце во время транса бьется очень медленно, и я начинаю видеть то, что скрыто от других. «Пан маршал проживет долго, — сказал я, открыв глаза. — В почете и славе. Пан маршал будет министром, премьер-министром. Будет нелегко, но пан маршал справится». Пилсудский спросил, сколько именно лет он проживет. Я ответил, что пятнадцать. Я мог бы назвать и дату его смерти, но он не спросил, а я без особой необходимости не открываю этого. Зная день и час своей кончины, жить трудно.

Пилсудский спросил, не хотел бы я продолжить службу в Варшаве. Я понял, что ему хочется иметь меня под рукой, и ответил согласием. Возможно, что я, сам того не желая, внушил ему мысль о смене места моей службы. Пока меня под конвоем вели по Варшаве, я не переставал удивляться тому, как за каких-то два месяца я отвык от городской жизни. Все мне казалось в диковинку: нарядные люди, чистые тротуары, спокойная, размеренная городская жизнь. Пилсудский определил меня в писари при штабе. Почерк у меня плохой, грамотностью я особо не отличался, но возражать не стал — маршалу виднее. Подумал, что переписывать слово в слово я как-нибудь смогу. Тем более что далеко не всякому писарю приходится писать. Некоторые принимают бумаги и раскладывают их по папкам. Я справлюсь. У меня никогда не было проблем с тем, чтобы освоиться на новом месте. Улавливая мысли моих коллег, я сразу знал, где что находится, что надо делать и даже то, кто с кем в каких отношениях состоит. Во время службы санитаром мне приходилось держать себя в руках, чтобы не броситься выполнять приказание еще до того, как оно было высказано.

Остаться в Варшаве мне хотелось еще и потому, что в Варшаве было и должно было быть спокойно. Варшава оставалась за пределами театра военных действий. Продолжая службу в Варшаве, мне не пришлось бы отступать и наступать вместе со всей армией. Должен сказать, что никакого патриотизма у меня не было. Какой патриотизм может быть у еврея в польской армии? Меня регулярно оскорбляли, вроде бы в шутку, но в самом деле всерьез. Если мимо пробегала свинья, мне кричали: «Мессинг, вот твой обед!» И то была самая невинная из «шуток». Патриотизма не было. Были раненые, которые нуждались в моей помощи. Я помогал раненым людям, не думая о победах. Меня интересовал только конец войны, конец моей службы.

На прощанье Пилсудский подарил мне золотые часы. Он был щедрым человеком, любил награждать и одаривать тех, кто отличился или чем-то ему угодил. Часы мне пришлось продать в 1925 году, когда я оказался в стесненных обстоятельствах. Меня определили писарем в один из штабов, но на самом деле исполнял я обязанности курьера. Очень приятные обязанности. Целый день гуляешь по городу, а не сидишь в душной канцелярии. Иногда удавалось повидаться кое с кем из варшавских знакомых. Еще находясь на военной службе, я договорился о сотрудничестве с Леоном Кобаком, о котором был наслышан как о человеке неслыханных деловых способностей. Леон согласился стать моим импресарио с одним условием — что вне сцены я буду во всем его слушаться.

Мне казалось (даже Мессинг может ошибаться), что Пилсудский вскоре пожелает встретиться со мной снова, но это «вскоре» растянулось почти на четырнадцать лет. Наша вторая и последняя встреча с маршалом Пилсудским произошла в ноябре 1934 года, вскоре после подписания договора о ненападении между Польшей и Германией[1]. Пилсудский не верил Гитлеру (этому негодяю никто не верил) и был очень обеспокоен будущим Польши. Пилсудский вызывал у меня уважение. Он уже был болен, он знал, что в будущем году умрет, но он беспокоился не о своих дочерях, про их будущее он меня не спросил, а о своей любимой Польше. Польша была его любимым детищем, ей он отдал всю свою жизнь. Судьба помотала его изрядно, прежде чем вознесла на самый верх. Он многое пережил. Его жизнь не была похожа на спокойную жизнь обычных аристократов.

«Что будет с Польшей?» — спросил Пилсудский. Я не смог тогда ответить на этот вопрос. Картина будущего открылась мне тремя годами позже, а пока что, сколько я ни силился прозреть будущее, у меня ничего не получалось. Но при этом я видел себя на востоке, в Советском Союзе. Косвенно это давало какие-то ответы, но к судьбе Польши они не имели никакого отношения. «Не знаю, — ответил я. — Не могу увидеть». На том наш разговор закончился. Других вопросов Пилсудский мне не задавал.

Мне скоро исполнится семьдесят пять лет. Три четверти века, как говорит один из моих друзей, прекрасный цирковой артист. Он все считает на четверти. Я бы мог слукавить, чтобы поддержать свою репутацию. Мог бы написать, что предсказал Пилсудскому все, вплоть до того, кто победит во Второй мировой войне. Мог бы написать и больше из того, что вижу сейчас. Но я взялся за перо, то есть за шариковую ручку, только для того, чтобы написать правду о себе. Правду! Если я начну лукавить, мои труды (а вся эта писанина дается мне очень трудно) потеря-

[1] Договор о ненападении между Германией и Польшей, называемый также «Пактом Пилсудского — Гитлера», был подписан в Берлине министром иностранных дел Германии Константином фон Нейратом и послом Польши в Берлине Юзефом Липски 26 января 1934 года. Адольф Гитлер разорвал договор в одностороннем порядке 28 апреля 1939 года под предлогом того, что Польша отказалась предоставить Германии возможность строительства экстерриториальной шоссейной дороги в Кёнигсберг (ныне г. Калининград) через территорию так называемого «польского коридора», польской территории, отделявшей германский эксклав Восточная Пруссия от основной территории Германии.

ют свой смысл. Поэтому я пишу правду. Всегда. Даже в тех случаях, когда она идет во вред моей репутации.

Больше мы с Пилсудским не встречались. О его кончине я узнал во Франции, в Марселе. Если бы смог, то непременно проводил бы его в последний путь. Ко всему, что связано со смертью, я отношусь с огромным почтением. Тайна жизни и смерти — величайшая из тайн человечества. Когда умирает кто-то из знакомых мне уважаемых мною людей, я стараюсь присутствовать на похоронах. Своим присутствием я отдаю последний долг умершему. Это очень важно для меня. Но в то же время я не люблю делать культа из всего, что связано со смертью. У живых свой мир, у мертвых свой. Нельзя одновременно жить в двух мирах. Как бы ни был близок и любим человек, не стоит умирать с ним «за компанию». Каждому свой срок. У каждого свой путь[1].

---

[1] Явный намек на отношения Вольфа Мессинга с сестрой его покойной жены Ираидой Михайловной. По свидетельству современников, после смерти сестры Ираида Михайловна возвела память о ней в культ и изводила Мессинга упреками. Она требовала от него ежедневного посещения могилы, вела разговоры только о сестре и т. п. Это приводило к конфликтам между нею и Мессингом.

# Моя жизнь
## между двумя мировыми войнами

То было золотое время, когда закончилась одна война, а о том, что начнется вторая, еще никто не знал. Я тоже не знал до поры до времени. Я был молод, я радовался жизни, я хотел жить, любить, наслаждаться жизнью. Мой новый импресарио Леон Кобак оправдал мои надежды. Он умел заключать выгодные контракты. Порой мне казалось, что его телепатические способности ничуть не уступают моим, настолько хорошо он вел переговоры. «Деньги отпирают все двери» и «Деньги притягивают деньги», — любил повторять он. Деньги были для Леона всем. Такие люди, как он, неприятны в качестве друзей, потому что, кроме денег, с ними говорить не о чем, но выгодны в качестве деловых партнеров. Особенно для таких неприспособленных к ведению дел людей, как я. Я ужасно непрактичен. Это заметил еще мой отец. Он ласково называл меня мишугенером[1], потому что я не видел выгоды там, где ее видели мои братья. Дурачкам везет. Дурачок остался жив, а все его умные родственники погибли[2].

Я непрактичен. Леон обманывал меня. Он клал в свой карман больше, чем полагалось по уговору между нами. Я знал это, но помалкивал, потому что Леон обеспечивал мне такой заработок, о котором я и мечтать тогда не мог. За какой-то год я встал на ноги, хорошо оделся, начал помогать родным. Вскоре, правда, остался без гроша в кармане и был вынужден продать все ценное, что у меня было, включая и подаренные Пилсудским часы,

---

[1] Дурачком (идиш).

[2] Все родственники Вольфа Мессинга были уничтожены в гетто нацистами.

но благодаря стараниям Леона снова начал зарабатывать. Жизнь то возносит человека вверх, то швыряет его вниз. Сколько раз меня возносило! Сколько раз швыряло вниз! Больше уже не вознесет и не швырнет, все позади. Но приятно вспоминать, как возносило и как швыряло.

В августе 1925 года в Лодзи я встретил свою первую любовь. Скоро мне должно было исполниться двадцать шесть лет (весьма солидный возраст), а я до сих пор не имел понятия о любви. Какие-то женщины мелькали в моей жизни, но чувства к ним были мимолетными, далекими от чего-то серьезного. По характеру моей деятельности я не был обделен женским вниманием, но внимание вниманию рознь. Между вниманием и чувством, настоящим чувством, лежит целая пропасть. Далеко не всякая интрижка может вылиться в чувство. Скажу иначе — чувство с самого начала выглядит чем-то большим, нежели простая интрижка.

Мою первую любовь звали Лея Гозман. Она была дочерью текстильного фабриканта. Кем еще могла быть красивая девушка в Лодзи, как не дочерью текстильного фабриканта?[1] Мы познакомились случайно, в ресторане. Она с родителями сидела за соседним столиком. Я уловил ее интерес ко мне. Мы обменялись взглядами. Она тут же отвернулась, боясь, что заметит отец, и пожалела о том, что не может со мной познакомиться. Сожаление было напрасным. Я уже знал, кто она, как ее зовут, знал, где она живет. Не желая смущать понравившуюся мне девушку, я продолжил беседу с Леоном. Мы, как обычно, обсуждали предстоящие выступления. С Леоном можно было говорить только о делах, ничто иное его не интересовало. Стоило заговорить о чем-то другом, как Леон становился глухонемым, ничего

---

[1] Во второй половине XIX и первой половине XX века Лодзь являлась одним из крупнейших центров текстильной промышленности в Европе. Когда-то Лодзь называли «польским Манчестером», по аналогии с центром текстильной промышленности Англии.

не слышал и ничего не отвечал. Люди, которые являются фанатиками своего дела, вызывают у меня уважение. Я и сам такой же фанатик. Но Леон вызывал не столько уважение, сколько сострадание. Нельзя же так себя обкрадывать, думал я. В жизни есть много хорошего помимо работы. Для меня, например, может стать подарком погожий солнечный день, улыбка красивой девушки или картина художника. Я очень люблю живопись, могу часами стоять перед понравившейся картиной. Я люблю вкусную еду, хорошие напитки. Я люблю все радости жизни, разве что музыка не так доступна моему восприятию, как хотелось бы. Музыку я чувствую плохо. Не могу насладиться всей ее глубиной. Аида иногда подшучивала над этим. У Леона же на уме было только одно — дело, прибыль, деньги. Если мне не изменяет память, в тот вечер он уговаривал меня довести количество выступлений до трех в день, а я объяснял ему, что два — это мой предел. Да, тогда я был молод и мог давать два выступления в день. Сейчас в это уже не верится. Сейчас мой предел — два выступления в неделю. Там, где молодое дерево гнется, старое ломается. Помню, как Леон сказал мне однажды: «Плохо, что у тебя такая оригинальная внешность. Если бы ты выглядел попроще, я бы быстро нашел тебе двойника и наши доходы удвоились бы». Я оскорбился. Как можно вести речь о двойнике? Как можно обманывать людей? Рано или поздно обман раскроется, и тогда в мою сторону никто даже не посмотрит. Леон смеялся и говорил, что я ничего не смыслю в делах. Кстати, он пребывал в уверенности насчет того, что все мои способности есть не что иное, как ловкий фокус. В телепатию и вообще возможность чтения мыслей на расстоянии Леон не верил. Я пытался его переубедить, говорил, о чем он сейчас думает, находил спрятанные им предметы, но переубедить Леона было невозможно. «Тебе повезло, — говорил он, — ты снова угадал, ты везучий». В его глазах я был не телепатом (ах, как я не люблю это истасканное, скомпрометированное шарлатанами слово!), а простым везунчиком. Встречаясь с «разоблачителями» во время выступлений, я неизменно вспоминаю Леона, да будет благословенна его память. При всех его недостатках, он сделал для меня очень многое. Леон помог мне встать на ноги, почувствовать свою силу в полной мере, и за это я ему благодарен.

Утром следующего дня я пришел к дому Леи и начал прогуливаться взад-вперед. Дом находился на оживленной Пётрковской улице, центральной улице Лодзи, поэтому мои хождения взад-вперед не привлекали ничьего внимания. Ничьего, кроме Леиного. Она выглянула из окна на втором этаже, встретилась со мной взглядами, смутилась и скрылась в глубине комнаты. Но за это короткое время я успел мысленно передать ей, что буду ждать ее в галантерейном магазине на углу. Окно закрылось, я не спеша направился к магазину, хотя на самом деле мне хотелось плясать от радости. В магазине, для того чтобы иметь возможность спокойно подождать Лею, мне пришлось прибегнуть к внушению. Я внушил продавцам, что меня здесь нет, иначе они не оставили бы меня в покое. Как изменились времена! Сейчас мне приходится внушением обращать на себя внимание в магазинах, а раньше приходилось внушать противоположное. Я понимаю, что любезность и услужливость продавцов, парикмахеров, официантов и прочей подобной публики в капиталистическом мире происходит не от искреннего радушия. Я понимаю (кому как не мне понимать это?), что человек улыбается, желая получить с меня доход. Но мне безразличны мотивы. Для меня улыбка и любезность — это простой показатель вежливости, воспитанности. Мне неприятно, когда продавец смотрит на меня волком, так, как будто я пришел в магазин для того, чтобы его обидеть или что-то у него украсть. Когда я начинал сравнивать прежнюю свою жизнь с нынешней, иначе говоря — польскую с советской, моя покойная жена смеялась и говорила одну и ту же фразу: «Волк линяет, но натуру не меняет». — «При чем тут моя натура? — сердился я. — Я просто наблюдаю и делаю выводы!»

Лея появилась в магазине довольно скоро, не прошло и получаса, но я весь извелся. Минуты ожидания показались мне годами. Она вошла, увидела меня, встала около прилавка и начала перебирать какие-то ленты, которые ей показывал продавец. Или то были не ленты, а образцы материи, сейчас уже трудно вспомнить. Я только запомнил, как проворно сновали ее изящные пальчики. Я подошел к ней и сделал вид, что тоже заинтересовался этими самыми лентами. Даже отпустил какое-то замечание и попросил продавца показать что-то еще. Пока он доставал другие образцы, мы обменялись взглядами и улыбнулись друг другу. Я читал мысли Леи: «Странно, откуда я его знаю?» — думала она и все пыталась припомнить. «Мы не знакомы, — сказал я. — Пришла пора исправить эту ошибку». Мне показалось, будто я сказал нечто очень остроумное, но Лея не улыбнулась. Во взгляде ее промелькнул испуг. Продавец выложил перед нами новые образцы. Я предложил Лее прогуляться и подкрепил свою просьбу внушением. Мы вышли из магазина и пошли в сторону, противоположную той, в которой находился дом Леиного отца. Я представился, сказал, кто я такой, попросил прощения за то, что читал мысли Леи в ресторане и прибег к внушению для того, чтобы встретиться с ней. Это часть моей личной этики — в общении с близкими мне людьми я не пользуюсь своими способностями. Не внушаю мысль, а высказываю ее вслух, стараюсь не улавливать сигналы, которые посылаются мне. Что-то, конечно, улавливаю, но делаю вид, будто не уловил. Аиду часто спрашивали, самые разные люди спрашивали ее о том, не страшно ли ей жить с человеком, который читает ее мысли. «А почему мне должно быть страшно? — удивлялась она. — Я же не думаю о муже ничего плохого!»

Знакомство состоялось. Более того, мы договорились о следующей встрече. Лея рассказала, что она не может полностью располагать своим временем, что родители, в особенности отец, косо смотрят на то, когда она куда-то едет одна, даже если она едет в гости к кому-то из подруг. И на самом деле не одна она едет, ее везет кучер, доверенный человек отца. Пешком по улицам Лее вообще ходить не разрешалось, отец считал, что хождение пешком наносит урон престижу. То было чудо, что Лее удалось незаметно выскользнуть из дома для встречи со мной. Мы договорились встретиться в парке. Лея беспокоилась, что кучер увидит, что она встречается не с подругами, а с посторонним мужчиной, и расскажет об этом отцу. «Не волнуйтесь, — сказал я. — С кучером все будет в порядке. Он расскажет то, что надо». — «Это не тот случай, когда золотой ключ открывает все двери, — сказала Лея. — Наш кучер Янек не возьмет у вас ни гроша. Отец платит ему столько, сколько у других не получают дворецкие. Янек не только кучер, он еще и охраняет меня. Он отставной капрал, очень храбрый и сильный человек». — «Все будет в порядке», — повторил я. Подкупать кучера я не собирался. Узнав, как зовут ближайшую подругу Леи и как она выглядит, я всякий раз внушал кучеру, что Лея встречается не со мной, Вольфом Мессингом, а со своей подругой Фейгой Каценельсон. Имя подруги я запомнил, потому что через нее мы переписывались с Леей. Я отправлял письма на адрес Фейги, а та передавала их Лее. Отец Фейги умер, она жила с матерью и старшим братом. Брат был сильно занят коммерческими делами, постоянно разъезжал, а мать предоставляла Фейге полную свободу и не просматривала ее почту, как это делали родители Леи.

Было очень забавно, когда я подходил к экипажу, чтобы помочь Лее спуститься, и слышал от кучера: «Добрый день, пани!» Лея всякий раз фыркала при этом, а после удивлялась: ну разве можно принять мужчину за девушку? Пришлось дать это ей почувствовать на собственном примере. Однажды я внушил Лее, что у входа в парк она видит не цветочницу, а генерала в парадной форме с орденами. «Смотри! — воскликнула Лея. — Генерал продает цветы! И никто этому не удивляется! Что за диво?» —

«Давай и мы купим цветы у генерала», — предложил я. Я выбрал букет, вручил его Лее, во все глаза смотревшей на цветочницу, расплатился, и мы пошли дальше. «Обернись», — сказал я, когда мы отошли шагов на десять. Лея обернулась и застыла в такой неудобной позе, потому что увидела не генерала, а цветочницу. «Куда делся генерал?» — спросила она. «Никакого генерала не было, — ответил я. — Цветы продавала цветочница, а я внушил тебе, что ты видишь генерала. Теперь ты понимаешь, что происходит с твоим кучером?» Лея поначалу относилась ко мне с некоторой опаской. Она считала меня чуть ли не колдуном. Я терпеливо объяснял, что я не колдун, а такой же человек, как и она, только наделенный необычными способностями. «Колдуны оживляют глиняных великанов, переносятся с места на место при помощи волшебства, крадут с неба звезды, а всего лишь умею читать мысли», — повторял я. Я пригласил Лею на одно из своих выступлений. Она пришла вместе с матерью. То было самое лучшее мое выступление в ту пору. И одновременно самое худшее, потому что из-за присутствия в зале Леи я то и дело сбивался с настроя, не мог работать в полную силу. Все мои мысли были устремлены на Лею и немного — на ее мать. Мать, кстати говоря, считала меня фокусником. Мое выступление не произвело на нее никакого впечатления. Есть такая поговорка: «Дочь раввина ничем не удивишь». Мать Леи была дочерью раввина и ничему не удивлялась. Впоследствии, познакомившись с родителями Леи, я не переставал удивляться тому, что у таких, мягко говоря, приземленных людей (отец думал только о деньгах, а мать — о том, чтобы дома соблюдался установленный ею порядок) могла родиться такая умная, такая возвышенная дочь. Лея была младшей в семье. У нее было два брата и сестра.

Наконец Лея поверила мне и перестала меня бояться. Более того, она полюбила меня столь же сильно, как и я любил ее. Мы объяснились. Я уехал в заграничное турне, на которое возлагал много надежд в смысле заработка. По возвращении в Лодзь я намеревался сделать Лее предложение. Спустя полгода, в феврале, мы встретились вновь. Радости нашей не было предела. Лея приняла мое предложение, но то было полдела — следовало получить согласие отца. Полвека назад в Лодзи девушка из приличной еврейской семьи не могла выйти замуж без согласия отца. Можно было не спрашивать согласия дочери, но согласие отца надо было получить непременно. Не желая затягивать столь важное для меня дело, я на следующий день после встречи с Леей надел свой лучший костюм и отправился к ее отцу. Для того чтобы произвести впечатление, я одолжил у Леона булавку для галстука с огромным бриллиантом. Напрасно старался — в булавке отца Леи красовался бриллиант размером едва ли не с перепелиное яйцо, а камень на его перстне был еще больше.

Разговор между нами сразу же пошел не так, как мне хотелось. Заранее я решил, что не стану никоим образом воздействовать на своего будущего тестя, не стану ему ничего внушать. Мы должны объясниться и понять друг друга без телепатии, думал я, нам же предстоит породниться. Породниться! Как бы не так! «Мечта — богатство дурака», — говорила моя бабушка Рейзл, да будет благословенна ее память. Отец моей любимой сразу же дал мне понять, что мои притязания беспочвенны. Он сделал это в весьма грубой форме. «Моя дочь не может стать женой шута», — сказал он, употребив для пущей оскорбительности польское слово błazen. И еще добавил, что еврею из славного благочестием города Гура-Кальвария[1] не подобает заниматься подобными делами. Я попытался объяснить разницу между мной и шутом, но мои объяснения не достигли цели. Есть ограниченные люди, для которых все, кто выступает перед

---

[1] Из Гуры-Кальварии происходит одна из известных хасидских династий — гурских хасидов Альтеров.

публикой на сцене, — шуты, комедианты, презренное сословие. Меня радует отношение к артистам в Советском Союзе, несмотря на то что сам я себя артистом в чистом виде не считаю. Доля артистизма в моих выступлениях есть, без этого нельзя, но у меня не эстрадные номера, а опыты, эксперименты. Но тем не менее я радуюсь тому, каким почетом окружены в Советском Союзе артисты. Разумеется, я имею в виду хороших артистов, плохие должны искать себе другое занятие. В Советском Союзе невозможно представить, чтобы генерал, профессор или директор завода отказался бы выдать свою дочь за известного артиста, ссылаясь на то, что этот брак уронит достоинство его семьи. Я пишу «известного артиста», потому что я в то время был уже известным. Известность быстро пришла ко мне благодаря моим способностям. Залы во время моих выступлений неизменно были полными, те, кому не доставалось мест, стояли в проходах. Оборотистый Леон придумал продавать билеты на стоячие места. Они стоили треть от обычной цены.

В отчаянии, забыв о своих прежних намерениях, я попытался воздействовать на отца Леи внушением, но он оказался крепким орешком. Существуют люди, непроницаемые для моего дара. Какая-то необъяснимая преграда мешает внушению. На их лицах ничего не отражается, их взгляды ничего не выражают. Невозможно понять, о чем они думают. Эти люди словно сундук, запертый на дюжину замков. Таким был отец Леи. Не знаю, какой процент составляют подобные типы, но на моих выступлениях я сталкиваюсь с ними нечасто. Пять-шесть раз в год, не более. И это при том, что обычно я даю — то есть раньше, когда позволяло здоровье, давал — по две сотни выступлений в год. Моя покойная жена в шутку называла меня «стахановцем».

«Мой ответ: нет, нет и нет!» — сказал отец Леи, для пущей убедительности повторив слово «нет» трижды. В русском языке есть такое выражение: «как оплеванный». Я ушел как оплеванный. Леон, увидев мое лицо, решил, что я заболел, и начал беспокоиться, что придется отменять сегодняшнее выступление. Для Леона возвращать деньги было смерти подобно. Узнав причину моего расстройства, Леон рассмеялся и сказал, что несчастная любовь похожа на корь. Ею надо переболеть однажды, чтобы больше никогда уже не болеть. Меня сильно обидели его слова, и мы поссорились, единственный раз за все время нашего сотрудничества. Но мое выступление в тот вечер все же состоялось. По своему характеру я очень аккуратный и исполнительный человек. Точность я считаю одним из главных человеческих достоинств. Мне надо очень сильно заболеть, чтобы я отменил выступление. За всю мою долгую жизнь такое случалось всего несколько раз.

Я хотел увидеть Лею, но ее мать, видимо опасаясь того, что Лея сбежит со мной (у меня были такие планы), увезла ее в Белосток к дальним родственникам. Перед отъездом Лея смогла написать мне письмо и передать через свою горничную. Она писала, что сердце ее разбито, что она любит меня, но не может пойти против воли отца и умоляла поскорее ее забыть. Я хотел бросить все и мчаться следом за Леей, но ее отец был предусмотрителен и принял меры — заявил в полицию, что я преследую его дочь. У меня состоялась очень неприятная беседа с одним полицейским чином. Мне даже пригрозили арестом. Я решил сделать вид, что отступился от своих намерений, для того чтобы меня оставили в покое, а сам при первом же удобном случае решил ехать в Белосток за Леей. Я был уверен, что она поедет со мной. Я оставил у Фейги письмо для Леи, в котором написал, что мы непременно будем вместе, что я люблю ее больше жизни и скоро мы встретимся, чтобы больше никогда не расставаться. Я не знал тогда, что отец моей возлюбленной обеспокоен настолько, что решил срочно выдать ее замуж. Скоропалительно выдать. Белосток был не случайно выбран для «ссылки», там у Леиного отца был компаньон, а у компаньона был сын...

Известие о свадьбе Леи настигло меня в Варшаве. Оно прозвучало как гром среди ясного неба. Я помчался в Лодзь, где молодожены гостили у Леиных родителей. Мне удалось встретиться с Леей, но она еще не успела раскрыть рта, как я понял, что между нами все кончено. В тот день я сильно напился. Обычно я выпиваю немного — одну-две рюмки коньяка или один-два бокала вина, но в тот вечер я пил водку в каком-то низкопробном заведении, где меня, хорошо одетого, назвали «ясновельможным паном». О любви было надолго забыто. До встречи с Аидой мне казалось, что Леон был прав: однажды переболев любовью, я получил к ней иммунитет. К счастью, этот иммунитет оказался не вечным.

Жизнь моя была насыщена самыми разнообразными событиями. Иначе и быть не могло, ведь я ездил по миру, встречался со множеством самых разных людей. Среди моих знакомых были представители разных слоев общества. Хочу рассказать, как однажды ко мне за помощью обратился князь Адам Людвик Чарторыйский[1]. Чарторыйский был князь, а не граф, но в моих «воспоминаниях» он почему-то превратился в графа. И история поисков пропавшей бриллиантовой броши была напечатана в сильно сокращенном виде. Кое-кто решил, что советским читателям совершенно не интересна история поиска княжеских драгоценностей. А история эта заслуживает того, чтобы остановиться на ней поподробнее.

Пропажа на самом деле была ценной, брошь стоила целое состояние. На мелкую пропажу князь бы и внимания не обратил. Мы не договаривались насчет того, что князь заплатит мне 25 процентов от стоимости броши. С учетом огромной стоимости броши то была бы неслыханно большая сумма. Не могу даже представить, чтобы я поставил подобное условие. У меня

---

[1] Адам Людвик Чарторыйский (1872—1937), князь, — польский аристократ, представитель польско-литовского княжеского рода Чарторыйских.

на это не хватило бы наглости. Князь сказал, что он хорошо вознаградит меня в случае успеха, я понял, что он меня не обманывает, и согласился помочь. Наверное, цифра 25 процентов появилась по аналогии с советскими законами, по которым нашедшему клад полагается именно столько от его стоимости. Впрочем, это не имеет значения. На других искажениях правды останавливаться не стану, расскажу, как оно было на самом деле.

Чарторыйский, несмотря на свое богатство, был весьма добрым и совестливым человеком. Он был очень религиозен. «Я уверен, что кражу совершил кто-то из моей многочисленной прислуги, — сказал мне князь. — Больше некому. Но я боюсь бросить тень на невиновного и не хочу, чтобы взаимные подозрения отравляли атмосферу в моем замке. Полиция только внесла смятение. Они подозревали всех и каждого, но пропажу так и не нашли. Поэтому я обратился к вам».

Граф представил меня как художника, которому предстояло написать его портрет и сделать несколько красивых зарисовок. Рисовать я совершенно не умею, но примерно представляю, как должны вести себя художники. С карандашом в одной руке и альбомом в другой я ходил по замку, время от времени что-то черкая в альбоме. Если бы кто-то заглянул в альбом, то очень бы удивился. Вместо того чтобы делать зарисовки, я записывал на идиш тех, кого успел прощупать на предмет кражи. Список мне был нужен для того, чтобы убедиться в том, что я не пропустил никого из прислуги.

Мысли прислуги были самыми разнообразными. Порой я смущался, наткнувшись на нечто этакое, о чем и писать неприлично. Некоторые думали об украденной броши, но не так, как если бы украли ее сами. Они подозревали, что это мог сделать кто-то другой. К тем, кто был на подозрении у других слуг, я присматривался с особым тщанием. День прошел без толку, к вечеру второго дня в замок приехала пани Мария, жена князя.

Стоило мне пройти мимо ее горничной, которая сопровождала княгиню повсюду, как я понял, что передо мною воровка. Но понял еще кое-что. Девушка, чьего имени я называть не стану, глубоко и искренне раскаивалась в содеянном. Она взяла брошь под влиянием минутного порыва. Побудила ее к тому тяжелая болезнь отца, которая бедственно сказалась на положении семьи. Но теперь брошь жгла ей душу и тело (про тело сказано в прямом смысле, потому что брошь она прятала за корсажем). Девушка раскаивалась, она хотела исправить свою ошибку, но не знала, как это сделать. После того как полиция перерыла весь замок Чарторыйских сверху донизу, подкинуть брошь на место или куда-то еще было невозможно. Улучив момент, я поговорил с горничной княгини наедине. Рыдая, она призналась мне в краже и умоляла спасти ее от позора. Она утверждала, что в противном случае наложит на себя руки, и я понимал, что это не угроза и не бахвальство. Несчастная девушка и впрямь могла повеситься, потому что жизнь с клеймом воровки представлялась ей невозможной. И еще я чувствовал, то есть — знал, что больше никогда в жизни она не запятнает своих рук кражей или каким-то еще преступлением. Чего только не случается в жизни! Иногда человек может совершить проступок или даже преступление под влиянием минутного порыва. Суть не в проступке, а в натуре человека. Я поверил несчастной девушке (у меня были на то веские основания) и решил ей помочь. Решил спасти ее от позора. Но как объяснить князю находку броши? Ведь он непременно начнет задавать вопросы. Там, где обычный человек мог бы ответить: «Не могу того знать», я должен был дать исчерпывающий ответ. Иначе невозможно, ведь я способен видеть то, чего не видят другие. Положение было сложным, но я нашел выход. Для этого мне пришлось обвинить невиновного, но угрызения совести не мучают меня, потому что обвиненным оказался слабоумный идиот, сын княжеского камердинера. Князь благоволил ему, он вообще был сострадательным человеком, а никакого спроса со слабоумного не было. С таким же успехом можно было обвинять птицу, утащившую в свое гнездо какую-нибудь яркую безделушку.

Стоило мне найти «виновного», как тут же сложился остальной план. Спрятав брошь в пасти медвежьего чучела, которое стояло в коридоре (среди Чарторыйских было много охотников и трофеями-чучелами был уставлен весь замок), я добавил туда еще кое-чего: серебряную ложку, папиросный мундштук, наперсток и т. п. для того, чтобы сокровищница была полной и производила нужное впечатление. Затем я подвел к чучелу князя и изобразил «счастливую находку» броши. Князь «догадался» раньше, чем я успел ему все объяснить. «Неужели это Адась?[1]» — спросил он, увидев все, что я достал из медвежьей пасти. Идиот был тезкой князя, его тоже звали Адамом, и это обстоятельство побуждало князя относиться к нему с еще большим состраданием. Я молча кивнул. «Как я рад! — воскликнул Чарторыйский. — Как я рад, что в моем доме нет воров! Спасибо пану Мессингу, который вернул мне доверие к моим людям!» Князь щедро наградил меня. Я был доволен, но вряд ли размер награды составлял хотя бы один процент от стоимости броши. То была не брошь, а целая диадема[2], усыпанная крупными бриллиантами. Я равнодушен к драгоценностям, если и ношу булавку с перстнем, то делаю это скорее по привычке, чем от великой любви, но эту брошь так и хотелось держать в руках и рассматривать до бесконечности. Я понял искушение, которое овладело бедной горничной. На мой взгляд, в том, что произошло, в первую очередь была виновата княгиня. Подобные реликвии не стоит хранить в незапертом ящике. Для того есть сейф. Не стоит лишний раз искушать прислугу. Я не пытаюсь оправдать горничную, я просто делюсь своими мыслями. Не стоит искушать. Неспроста же в главной

---

[1] Адась — уменьшительное от Адам.
[2] Диадема — женское головное драгоценное украшение, имеющее форму короны.

молитве христиан есть слова «не введи нас во искушение». Искушение порой бывает весьма и весьма сильным.

Спустя несколько лет я увидел горничную, о которой шла речь, на одном из своих выступлений. Я сразу же узнал ее. Она сидела во втором ряду и держала на коленях огромный букет роз. Вручив мне букет после выступления, она тут же ушла. Я не успел ее расспросить, но успел узнать, что у нее все хорошо. Было очень приятно сознавать, что тогда, в княжеском замке, я принял верное решение. Какие причудливые фортели выкидывает жизнь! Я покрыл преступницу, обвинил невиновного, и горжусь этим, потому что сделал хорошее дело. «И волк сытым ушел, и коза жива осталась», — говорили в таких случаях у нас дома. Сам я тоже однажды в жизни поддался искушению — украл немного монет из отцовского кармана. Отец нещадно выпорол меня, приговаривая: «Не тебя бью, а дурь из тебя выбиваю», — а мать плакала и причитала: «Ах, неужели мой мальчик будет вором?» Не знаю, что подействовало на меня больше — отцовская порка или слезы матери, но с тех пор мои руки не касались чужого. А вот моего брата Берла кривая дорожка чуть не довела до большой беды.

Мой брат Берл очень хорошо рисовал, и почерк у него был таким хорошим, буковка к буковке, что наш меламед[1] реб Айзик предсказывал, что Берл станет сойфером[2]. Но для того, чтобы стать сойфером, нужно учиться, а у Берла такой возможности не было. Семья наша была бедной, отец мог выучить в иешиботе[3] только одного сына, и его выбор пал на меня, несмотря на то что меня никогда не привлекала перспектива стать раввином. Не тот у меня характер. Берл помогал отцу, а спустя два года после смерти матери он ушел, точнее — сбежал из дома. Я его понимаю,

---

[1] Меламед — учитель в хедере, еврейской начальной школе.
[2] Сойфер — переписчик Торы и др. религиозных текстов.
[3] Иешибот или иешива — еврейское религиозное учебное заведение, подготовлявшее раввинов и ученых талмудистов.

сам в свое время поступил точно так же. Пока мать была жива, ее золотой характер немного смягчал отцовскую суровость и дома можно было жить. Когда же она умерла, обстановка в доме стала невыносимой. Горе еще больше ожесточило отца, и всем нам просто житья не было. Я всегда думал о том, что со своими детьми стану обращаться совсем иначе, стану любить их, баловать, никогда руки на них не подниму. Зачем поднимать руку, если можно сказать языком? «Побои проходят, а слова остаются», — приговаривал отец, наказывая нас. Правда, у отца под горячую руку и слова сыпались между ударами. Наверное, в воспитании детей нужна строгость, без строгости нельзя. Сужу об этом по чужому опыту, потому что своих детей у меня нет. Но строгость не должна превращаться в жестокость. Строгость воспитывает, а жестокость только озлобляет. Это я сам на себе испытал.

В Кракове Берл связался с шайкой аферистов, занимавшейся подделкой документов и прочими темными делами. Краков недаром считался столицей воров и аферистов. Есть даже поговорка: «Если тебя поцеловал краковянин, пересчитай свои зубы». Поняв, какое сокровище попало им в руки (Берл, да будет благословенна его память, хорошо работал руками, но не головой — он был простоват и доверчив), аферисты быстро научили Берла всему, что им требовалось, и завалили работой. Отцу Берл писал, что занялся коммерцией, работает агентом у одного оптового торговца. Мне при встрече он сказал то же самое, но меня-то обмануть было невозможно. Даже если бы я не мог читать мысли, все равно бы догадался, что брат лжет. Агенты у оптовиков — бойкие на ум и язык люди, брат же мой был тугодум и молчун. Настоящий медведь был мой брат, имя шло ему как румянец невесте[1]. Кроме того, я примерно представляю, сколько могут зарабатывать агенты. Трость моего брата стоила дороже месячного заработка самого удачливого агента. И вообще весь

---

[1] Берл — уменьшительное от имени Бер, в переводе с идиша «медведь».

его вид так и кричал о богатстве. Рядом с Берлом я выглядел бедным родственником. «Смотри, Берл, — сказал я брату, — плохая дорога не доведет тебя до добра. Бросай это дело. Если хочешь, то бросай прямо сейчас и поезжай со мной в Варшаву. Там я подыщу тебе какое-нибудь приличное занятие». — «Мне нравится мое нынешнее занятие, — ответил мой глупый брат. — Я работаю два часа в день, остальное время наслаждаюсь жизнью. Дело наше поставлено на широкую ногу, в полиции есть свои люди, бояться нам некого». Я подумал: «Эх, пропала моя корова вместе с привязью»[1]. Хотел внушить брату, чтобы он ехал со мной, но тут же отказался от этой мысли. Не могу же я постоянно держать Берла при себе. А стоит его отпустить, как он вернется к своему занятию. «Посмотри на меня, Берл, — сказал я. — Я тоже работаю по два часа в день. Но я не нарушаю закон. Я не прошу тебя вернуться в поденщики к отцу. На свете много чистых занятий, найдется дело и для тебя. Ты можешь открыть граверную мастерскую...» — «Граверную мастерскую! — передразнил меня Берл. — Хорошее занятие! Открою граверную мастерскую и стану сидеть в ней от рассвета до заката и брать по грошу за букву! Нет уж, это не по мне!» На этом мы в тот раз расстались. Время от времени я получал коротенькие весточки от Берла, написанные его каллиграфическим почерком. Берл всегда писал одно и то же: «Здравствуй, Велвл, у меня все хорошо, о женитьбе пока не подумываю. Как твои дела?» Я отвечал, что у меня тоже все хорошо и что я тоже пока не подумываю о женитьбе. Ни в письмах, ни во время наших редких встреч я больше не возвращался к разговору о том, чем занимается Берл, не пытался наставить его на путь истинный. Не видел в том смысла, потому что Берл был такой же упрямый, как и я. Я только молился о том, чтобы беда обошла брата стороной. Какие бы связи в полиции ни были у преступников, рано или поздно они окажутся за решеткой. Есть хорошая

---

[1] Еврейская поговорка, означающая: «Все пропало, ничего уже не изменить».

русская пословица, которую я очень люблю: «Сколько веревочке ни виться, все равно конец будет». Узнав из газет, что в Кракове разоблачена крупная шайка аферистов, я прервал свои гастроли в Будапеште и помчался в Краков. Леон пришел в ярость, но я успокоил его, сказав, что неустойку за отмененные выступления заплачу из своего кармана. Леон тут же успокоился и поехал в Краков со мной. Я не возражал. Присутствие Леона могло оказаться полезным. У него повсюду были знакомые и чем-то обязанные ему люди.

Приехав в Краков, я смог добиться встречи с Берлом, который сидел в тюрьме. Переговорив с ним и многое прочитав мысленно, я понял, что дело плохо. Берла нужно было срочно вытаскивать, пока следствие не пошло полным ходом. Я использовал все: деньги, связи Леона, кое-какие собственные знакомства в краковской полиции (они пару раз обращались ко мне за помощью). К внушению тоже пришлось прибегнуть. С точки зрения закона я поступал нехорошо, потому что спасал преступника от заслуженного им наказания. Но то был мой брат. Разве мог бы я поступить иначе? Я видел, как он напуган, и чувствовал, что он сделает правильные выводы из случившегося. Ценой огромных усилий мне удалось вернуть Берлу свободу. Берлу посоветовали на время уехать за границу. Около полутора лет он прожил в Риге, а потом вернулся в Польшу и поселился в Варшаве. Граверную мастерскую Берл открывать не захотел, несмотря на то что я предлагал одолжить ему денег для этого. Он работал в живописной мастерской, женился на дочери хозяина, стал примерным мужем и отцом. Я любил бывать в гостях у Берла. У него дома было так, как всегда хотелось мне в моих детских мечтах: доброжелательная атмосфера, веселье, смех. Берл очень мало пил — разве что бокал вина по субботам[1]

---

[1] В иудаизме установлено произнесение молитвы в честь шаббата (субботы) над бокалом вина.

и в праздники. Он не напивался даже в Пурим[1], но любил притворяться пьяным после одного-двух глотков вина. Веселился как ребенок, хлопал в ладоши, танцевал. Когда он танцевал, то непременно что-то опрокидывал или разбивал, потому что был настоящим медведем, но жена его никогда не ругалась. И не потому, что у них всего было много, а потому, что у нее был золотой характер. В награду за то, что Берл исправился и встал на честный путь, Всевышний благословил его любящей женой и милыми детьми.

Все мои родные погибли в гетто. Мне не удалось найти ничьих следов после войны, несмотря на все мои старания. Но иногда мне кажется, что мой брат жив. Я чувствую его присутствие на свете. Я чувствую, что он сейчас, в эту самую минуту, думает обо мне. Наверное, это самообман. Моя известность велика, я не менял своего имени, если бы кто-то из моих родных остался бы жив, то найти меня для них не представляло бы труда. Нет, это мозг мой обманывает меня, обманывает сам себя, выдавая желаемое за действительное. Мне очень хочется увидеть кого-то из родных, мое одиночество ужасно меня тяготит, вот мозг и пытается утешить меня таким образом. Одиночество — страшная штука. Наверное, нет ничего хуже одиночества. Одно время мне казалось, что я свыкся с ним, но я ошибался. К одиночеству невозможно привыкнуть. У одиночества есть только одна хорошая сторона, одна польза — одинокому человеку не страшно и не грустно покидать этот мир. Чего страшиться? О ком грустить? Меня здесь никто не держит. В назначенный час я уйду без сожаления. Перед тем как закрыть глаза, я в последний раз прокляну тех, по чьей вине я остался один, начиная с Гитлера и заканчивая

---

[1] Пурим — праздник в память о чудесном спасении евреев в Персидском царстве в период правления царя Ахашвероша (Артаксеркса), более 2400 лет назад. Получил свое название от слова «пур», что означает «жребий». В Пурим принято пить вино до тех пор, пока человек не перестанет отличать добро от зла, не перестанет понимать, проклинает ли он злодея Амана, хотевшего погубить евреев, или же благословляет спасителя Мордехая.

последним из его солдат. Кто мог подумать, что в двадцатом веке в центре просвещённой Европы люди опустятся до такого зверства? Даже я, при всех моих способностях, не мог представить ничего подобного. Казалось, что отношение к евреям в Германии не может быть хуже, чем в конце 1936 — начале 1937 года. Казалось, что дальше уже некуда, но как же все ошибались! У немцев был ко мне особый интерес, о котором я узнал от адмирала Канариса, руководителя военной разведки Гитлера.

# Канарис

С графом Вольфом-Генрихом фон Хелльдорфом[1] я познакомился в Берлине летом 1927 года. Он пришел ко мне в гардеробную после выступления, сказал, что поражен моими способностями и желает познакомиться поближе. Признаюсь, в то время мне льстило подобное внимание. Фон Хелльдорф был богач, аристократ, депутат парламента. Подкупало и его отношение. Я чувствовал, что он искренне заинтересовался мной, что он восхищен. Это мне тоже льстило. При более близком знакомстве приятное впечатление усилилось. Фон Хелльдорф держался со мной на равных, без всякого чванства, присущего большинству аристократов. Он был остроумным и много знающим собеседником. Странно, но тогда, в 1927 году, я не почувствовал с его стороны ни малейшего проявления антисемитизма. В моем присутствии он ни разу не подумал о евреях плохо. Более того — он хвалил произведения Цвейга[2], восхищался гениальностью Эйнштейна (фон Хелльдорф прилично разбирался в физике), восхищался Ласкером[3]. Он очень гордился тем, что однажды на

---

[1] Вольф-Генрих граф фон Хелльдорф (1896—1944) — немецкий политический и государственный деятель времен Третьего рейха, обергруппенфюрер СС (соответствовало званию генерала рода войск в вермахте) и генерал полиции, руководитель полиции Потсдама и Берлина. На этом посту был известен активным преследованием берлинских евреев. Казнен за участие в заговоре против Гитлера в августе 1944 года.

[2] Стефан Цвейг (1881—1942) — австрийский писатель, еврей.

[3] Эмануэль Ласкер (1868—1941) — шахматист и математик, представитель позиционной школы, второй чемпион мира по шахматам (1894—1921). Происходил из религиозной еврейской семьи, его отец был синагогальным кантором, а дед — раввином.

сеансе одновременной игры на двадцати пяти досках смог свести партию с Ласкером вничью. Невозможно было представить, что этот обаятельный и утонченный аристократ, умник и ценитель прекрасного станет одним из главных гонителей евреев. Это фон Хелльдорф придумал пресловутое Хелльдорф-шпенде[1], побор, цинично называемый «пожертвованием», который евреи платили за возможность покинуть Германию. Размеры этого побора обычно равнялись состоянию эмигрантов. Людей обирали до нитки и только потом выпускали. «Оставь все, что имеешь, казакам, лишь бы в живых остаться», — говорила моя бабушка Рейзл. Это фон Хелльдорф организовывал еврейские погромы, начиная с первого погрома на Курфюрстендамме[2]. Впоследствии мое мнение о фон Хелльдорфе изменилось в худшую сторону, несмотря на то что сам я никогда не слышал от него ни одного антисемитского замечания. Со мной он продолжал держаться как с равным. Фон Хелльдорф появлялся на моих выступлениях в Берлине (а там я выступал до 1937 года, до тех пор пока тучи не сгустились совсем), иногда приглашал меня отужинать с ним. Его продолжали интересовать мои способности. Несколько раз я помогал ему в раскрытии громких убийств (начиная с лета 1935 года фон Хелльдорф был начальником берлинской полиции). Разумеется, в газетах не было сказано ни слова, все заслуги приписывались полицейским чинам. Фон Хелльдорф обращался ко мне лишь в тех случаях, когда речь шла о поимке убийц, поэтому я помогал ему. Убийца, хладнокровно зарубивший топором семью из шести человек, среди которых было двое маленьких детей, или грабитель, отбирающий вместе с кошельком жизнь, чтобы не оставлять лишних свидетелей, непременно должны быть наказаны. Если бы фон Хелльдорф обратился ко мне за по-

---

[1] От *нем.* Spende — «пожертвование».

[2] Погром на Курфюрстендамме — массовые беспорядки на улице Курфюрстендамме в Берлине 12 сентября 1931 года, первая антисемитская акция нацистов.

мощью с просьбой иного рода, например, попросил бы помочь найти какие-то похищенные документы или драгоценности, то я бы отказался, сославшись на невозможность увидеть истину. «Помогать людям нужно с разбором», — говорил мой отец, когда поденщики начинали требовать лишнего.

Весной 1936 года я получил от фон Хелльдорфа приглашение посетить Берлин по делу исключительной важности. Подробности мне предстояло узнать при встрече. Поскольку я в то время выступал в Париже, откуда должен был вернуться в Варшаву, Берлин был мне по пути. Сперва я подумал, что в Берлине произошло очередное жуткое убийство, но в газетах ни о чем подобном не упоминалось. Впрочем, нацистские газеты очень часто публиковали репортажи о громких преступлениях лишь после поимки преступников, а что-то вообще могли замолчать. Прессой и радио в Германии управлял Геббельс, а он не любил сообщать немцам плохие новости. Всем известно, как немецкое радио вещало о мнимых победах фашистов в то время, когда советские войска подходили к Берлину.

То, что на этот раз повод для встречи был особенным, я понял на вокзале. Посланец фон Хелльдорфа, майор, встретил меня на перроне, что было само по себе необычно. Узнав, что фон Хелльдорф отправил за мной машину и что мы поедем куда-то за город («в одно тихое местечко», как выразился майор), я забеспокоился. Я заподозрил, что фон Хелльдорф решил похитить меня, чтобы получить с меня свое «шпенде». Пусть я и не подданный Германии, но что с того? От нацистов всего можно было ожидать. Мне явно не следовало принимать предложения фон Хелльдорфа. С другой стороны, я еще имел в планах выступать и в Берлине, и по Германии, и мне не стоило ссориться со столь влиятельным человеком. Странно, но мои выступления не запрещались нацистами, несмотря на то, что я не скрывал своего еврейства. Да это и невозможно было скрыть при всем желании. Впоследствии я узнал возможную причину. Оказывается, все мои выступления посещались нацистскими специалистами по психологии. Они пытались разгадать загадку моего феномена. Нацисты считали, что способности «неполноценного» еврея не могут быть загадкой для «полноценных» арийцев. Интерес психологов прятался в волне общего интереса, они вели себя скромно, стараясь не выделяться из толпы, поэтому во время выступлений я ничего подозрительного не замечал. Скажу честно: мои выступления в Германии были не просто выступлениями. Они имели для меня гораздо большее значение, поэтому я и продолжал выступать там до 1937 года. То был мой личный вызов антисемитам. Я, еврей Велвел Мессинг, представитель «неполноценной», по их мнению, расы, демонстрировал способности, ставившие в тупик «полноценных» арийских профессоров. Некоторые профессора приходили ко мне на выступления не инкогнито, а открыто. Задавая вопросы, они называли себя, думая, что тем самым вгонят меня в смущение. Им очень хотелось разоблачить меня как шарлатана, но у них ничего не вышло.

Проклиная себя за легкомыслие, я сосредоточился на майоре. Он сидел спереди, рядом с водителем, а я — на заднем сиденье, так что мне был виден только его затылок. Это существенно осложняло мою задачу. Затылок — не лицо, он менее «выразителен» для меня. Но зато мне никто не мешал сконцентрироваться. В салоне нас было трое: я, майор и водитель. Водитель думал о предстоящем ему вечером свидании. Мысли майора были более разносторонними, он думал обо всем понемножку: о службе, о своей жене, о сыновьях, о том, что кто-то из его товарищей уже стал штандартенфюрером[1], о чем-то еще думал. Но вот про меня он не думал. Он просто выполнял приказ фон Хелльдорфа встретить меня и отвезти на виллу, расположенную по такому-то адресу. Я уже собирался внушить водителю, чтобы он отвез меня обратно на вокзал. Но, обернувшись, я увидел, что

---

[1] Звание в войсках СС, аналогичное званию «полковник».

за нами едет еще одна машина. В задней машине сидело четверо мужчин в штатском. Я понял, что это наше сопровождение. Наличие второй машины осложняло дело. Вступить в мысленный контакт с теми, кто в ней сидел, не представлялось возможным. Если наша машина вдруг изменит курс и поедет в обратном направлении, люди из второй машины могут вмешаться. Возможно, начнут стрелять. Перестрелка с погоней на оживленном берлинском шоссе грозила мне весьма серьезными неприятностями. Возможно, что и смертью. С одной стороны, я чувствовал, знал, что умру не здесь и не сейчас, с другой стороны — не ошибаются только мертвые. Подумав, я решил отложить свое бегство до более удобного момента. Если меня станут держать взаперти, под охраной, то у меня будет больше возможностей для побега, чем сейчас. Можно внушить охраннику, чтобы он поменялся со мной одеждой и так далее... Я приказал себе набраться терпения.

Когда я увидел виллу, на которую меня привезли, то пожалел о том, что не попытался бежать раньше. Охрана у ворот, охрана у входа — создавалось впечатление, что меня привезли в тайную тюрьму. Майор провел меня в небольшую приемную перед каким-то кабинетом, в которой находилось два человека. Один, в чине майора, сидел за столом. Другой, в эсэсовской форме, чье звание я не разобрал, сидел на стуле в углу и пялился на меня. Почитав их мысли, я узнал, что в кабинете находятся два человека: фон Хелльдорф и начальник военной разведки контр-адмирал Канарис[1]. Также я узнал, что эта вилла принадлежит службе разведки и что никакой тюрьмы здесь нет. Это меня немного успокоило. Теперь вместо беспокойства меня начало снедать любопытство.

---

[1] Вильгельм Франц Канарис (1887—1945) — немецкий военный деятель времен Третьего рейха, адмирал, начальник абвера — службы военной разведки и контрразведки с 1935 по 1944 год. Был арестован по подозрению в причастности к готовящемуся покушению на Адольфа Гитлера и приговорен к смертной казни.

Спустя некоторое время из кабинета вышел фон Хелльдорф. Он радушно приветствовал меня и пригласил в кабинет. Я вошел и увидел сидевшего за столом Канариса. Военная форма смотрелась на нем мешковато, словно пижама. Если фон Хелльдорф выглядел молодцевато, как настоящий пруссак-аристократ, то в Канарисе этой молодцеватости не было ни на грош. Канарис вышел из-за стола и пригласил нас сесть в углу его большого кабинета, где вокруг невысокого круглого стола стояло пять кресел. Адъютант принес коньяк, рюмки и коробку с сигарами. Обстановка создалась самая непринужденная. Если посмотреть со стороны, то можно было решить, что это встреча трех старых друзей. На самом деле друзей было двое: фон Хелльдорфа и Канариса многое связывало. Два друга и один еврей.

Канарис начал с комплиментов. Сказал, что высокого мнения о моих способностях, вспомнил Ганусена[1], которого назвал шарлатаном. Ганусен был, если можно так выразиться, моим коллегой. У него были способности, но, видимо, не очень выраженные, иначе бы он не стал сотрудничать с нацистами. То был весьма опрометчивый шаг с его стороны. Но определенные способности у него были, это я свидетельствую как человек, бывавший на выступлениях Ганусена.

Затем Канарис заявил, что является противником любого фанатизма (это заявление выглядело очень доверительно) и что фанатизм, по его убеждению, есть не что иное, как прибежище глупцов. Он в самом деле так считал, я прочел его мысли. Непонятно было одно: как, будучи противником любого фанатизма, он служил самому отъявленному фанатику на свете? Но это я удивляюсь чисто риторически. Канарис был донельзя тщеслав-

---

[1] Эрик Ян Ганусен, или Хануссен (он же Гершель Штайншнайдер; 1889—1933) — австрийский телепат, еврей. Был связан с национал-социалистами, поддерживал их, но, несмотря на это, был убит вскоре после прихода нацистов к власти. Послужил прототипом для одного из главных героев романа Лиона Фейхтвангера «Братья Лаутензак».

ным карьеристом. Гитлер до поры до времени дарил его своим расположением, Канарис верно служил Гитлеру. Когда чаша весов качнулась в другую сторону, от верности Канариса не осталось и следа.

Закончив рассыпаться в любезностях, Канарис предложил мне сотрудничество. «Ваше происхождение меня не смущает, — откровенно заявил он. — Это болваны из СС интересуются родословной. Меня же интересуют только способности». Столь презрительный отзыв о самой влиятельной, можно сказать — всесильной организации Третьего рейха преследовал две цели. Канарис хотел продемонстрировать степень расположения ко мне и одновременно подчеркнуть свое высокое (и весьма прочное!) положение. Мало кто рисковал в то время называть эсэсовцев «болванами». Разговаривая, Канарис внимательно наблюдал за мной. У него был очень проницательный взгляд. Я, в свою очередь, столь же внимательно наблюдал за ним и за фон Хелльдорфом. Одновременно я подыскивал аргументы для отказа от предложения, которое мне вскоре предстояло услышать.

«Я предлагаю вам сотрудничество, — сказал Канарис с таким видом, будто предлагал мне состояние Ротшильдов[1]. — Вольф Мессинг исчезнет. Его место займет человек с другим именем и другой родословной. Вы будете арийцем и будете пользоваться всеми привилегиями истинного арийца. Я сделаю вас руководителем психологического отдела. У вас будет все, что вы пожелаете. В обмен на верную усердную службу. Верность и усердие я ценю превыше всего». То был намек — «верность и усердие я ценю выше происхождения». Сказав то, что он намеревался сказать, Канарис с вежливой улыбкой стал ждать моего ответа. Я закурил, чтобы иметь возможность получше собраться с мыс-

---

[1] Ротшильды — европейская династия банкиров и общественных деятелей еврейского происхождения, одна из богатейших династий в мире.

Вольф Мессинг

лями. Табачный дым, несмотря на всю его вредность, хорошо прочищает голову. Правда, плата за это несоизмеримо высока[1]. Увы, за все в жизни приходится расплачиваться.

«Dla chcącego nic trudnego»,[2] — по-польски сказал Канарис, когда я сделал первую затяжку. «Нет, — согласился я. — Но дело не только в желании». В то время я еще не прозрел всех ужасов фашизма, не знал подробностей о войне, но то, что война будет, уже не вызывало у меня сомнений. Как и то, что существование Третьего рейха будет весьма недолгим. Это я чувствовал. Если бы я знал, какие гонения обрушатся на евреев по всей Европе, я бы кричал об этом повсюду. Я бы уговорил своих родных уехать из Гуры. Уехать куда угодно — на Запад, на Восток, в Палестину! Куда угодно, лишь бы подальше от фашистов! К сожалению, я многого не мог предвидеть. Но о скором крахе фашизма я знал точно. Я чувствовал, что вся эта грязь растеклась ненадолго, хоть и не знал пока, сколько горя она еще сможет принести.

Кроме того, я прекрасно представлял, сколь важное значение в Германии имела так называемая «чистота крови». Люди лишались важных постов и подвергались гонениям, если вдруг обнаруживалось, что одна из прабабок была еврейкой. Как можно было надеяться на то, что я с моей выраженной еврейской внешностью смогу, по выражению Канариса, «пользоваться всеми привилегиями истинного арийца»? Такое невозможно было представить. Еврей в Третьем рейхе не мог ничем руководить. В лучшем случае меня бы держали под охраной на какой-нибудь вилле абвера (комфортная тюрьма от удобства не перестает быть тюрьмой), а рано или поздно убили бы. Был в Польше один известный фальшивомонетчик Меер Цимельзон, так вот

---

[1] В последние годы жизни Вольф Мессинг страдал от выраженного облитерирующего эндоартериита, заболевания, причиной которого в первую очередь является курение.

[2] «Для того, кто хочет, нет ничего трудного» *(польск.).*

его постигла такая участь. В 1939 году он попал в руки к немцам и до конца войны просидел в концлагере, где вместе с другими такими же специалистами изготовлял фальшивые деньги: доллары, фунты, рубли. Мееру чудом удалось спастись. В апреле 1945 года на здание лагерной комендатуры упала бомба, возник переполох, кое-кому из заключенных удалось бежать. Среди беглецов был Меер. Вместе с несколькими товарищами он пошел навстречу советским войскам и дошел до них. Меер рассказывал, что они с коллегами жили в приличных условиях, спали не на нарах, а на обычных кроватях с постельным бельем, их хорошо кормили, снабжали куревом, иногда даже шнапс давали, но все они знали, что рано или поздно, когда в них минует нужда, их убьют. Немцы этого и не скрывали. Они говорили: «Вы живы только до тех пор, пока приносите пользу рейху». «Зад с лицом не могут породниться», — говорила моя бабушка Рейзл. Евреям невозможно было сотрудничать с фашистами.

Когда, не удовлетворившись моим вежливым отказом, Канарис начал настаивать, я сказал ему то, что открывалось мне в моих видениях. Сказал, что крах нацизма — дело нескольких лет, что гибель Третьего рейха придет с востока. Нервное напряжение, коньяк и сигара ввели меня в то состояние, в котором я был способен прозревать будущее. «Придет время, и вы станете врагами вашего фюрера, — сказал я. — Но вам не удастся ничего с ним сделать. Вас обоих повесят по приказу Адольфа Гитлера!» Ответом мне был дружный хохот. Оба моих собеседника смеялись так, будто находились на цирковом представлении, а я был клоуном. «Смейтесь, смейтесь», — думал я. Французы говорят: «Rira bien, qui rira le dernier»[1]. — «Дело ваше, — сказал мне Канарис, закончив смеяться. — Ваши способности могут пойти на пользу нам только при вашем желании. Смотрите, чтобы вам потом не пришлось бы ни о чем жалеть». — «Надеюсь, вы пони-

---

[1] «Хорошо смеется тот, кто смеется последним» *(франц.).*

маете, что наш разговор должен храниться в тайне», — с явной угрозой в голосе сказал фон Хелльдорф. То был первый случай за все время нашего с ним знакомства, когда он мне угрожал. Его мысли шли дальше — он всерьез подумывал о том, чтобы застрелить меня. Мне пришлось приложить много усилий для того, чтобы внушить и ему, и Канарису, что я не представляю для них никакой опасности. Времени у меня было мало — какие-то считанные секунды, но я справился с этой сложной задачей. Внушать что-то одновременно двоим людям сложно. Не просто внушать, а переубеждать — еще сложнее. Но я не имел права не справиться, ведь на кону стояла моя жизнь. Наша встреча закончилась для меня благополучно. Больше никогда я не видел ни Канариса, ни фон Хелльдорфа. Тот же шофер, но уже без майора и без машины сзади отвез меня на вокзал и любезно донес мои чемоданы. Я купил билет до Варшавы и отправился в ресторан, потому что вдруг почувствовал сильное чувство голода, явившееся следствием пережитого мною нервного напряжения. Официант не успевал подносить мне блюдо за блюдом. Не знаю, что он обо мне подумал, ведь я был хорошо одет, производил впечатление состоятельного человека, но ел, как дорвавшийся до еды голодный бедняк. Глотая пищу, я не забывал напряженно вглядываться в лица окружавших меня людей. Меня не покидало смутное чувство опасности. Оно не оставляло меня и в вагоне. Успокоился я лишь тогда, когда поезд остановился на варшавском вокзале. Варшава, да и вся Польша в то время казались мне оазисом спокойствия. Варшаву я ощущал своей родиной в большей мере, чем Гуру[1], потому что именно с Варшавы началась моя карьера, и счастливых воспоминаний с Варшавой было связано гораздо больше, чем с Гурой. Что я видел в Гуре? Только нужду и тяжелый крестьянский труд, к которому меня и братьев приобщали с шестилетнего возраста.

---

[1] Гура-Кальвария.

Рассказ о встрече с Канарисом не вошел в мои «воспоминания». Вместо этого там появился рассказ о некоем предсказании, сделанном во время выступления. «Так лучше», — было сказано мне. Сейчас пришло время исправить это упущение. Позже, к месту, я поделюсь своими соображениями относительно того, почему мои воспоминания были столь сильно перекроены и почему вместо отдельной книги было решено ограничиться журнальной публикацией. А мне так хотелось дарить друзьям книги с надписью: «От автора на добрую память». Журналы и газеты дарить не станешь.

В марте 1937 года состоялось мое последнее выступление в Германии, в Штутгардте. Оно было прервано на середине скандированием нацистских лозунгов, затем в меня полетели камни, бутылки, тухлые яйца. Я правильно истолковал предостережение судьбы и в тот же день уехал в Польшу.

# Бегство

Война застигла меня дома, в Гуре-Кальварии. Отец заболел, я приехал его проведать. Отец в то время жил один, хозяйство у него вела одна из соседок, вдова. Когда Гитлер напал на Польшу, я собрался бежать на восток, в Советский Союз. Другого варианта спасения я не видел. Но отцу было тяжело расставаться с домом, в котором он прожил всю жизнь. Он пытался успокоить себя мыслью о том, что Гитлер, быть может, не дойдет до Варшавы, что его остановят. У поляков был тогда огромный патриотический порыв. Они собирались биться насмерть и рассчитывали на помощь Англии и Франции. Но у меня не было никаких сомнений в том, что надо бежать. Я уже был готов увезти отца насильно, даже нашел машину, что в суматохе тех дней было невозможно сделать: не то что машину, подводу нельзя было найти. Но я нашел и убедил отца, что нам надо срочно уезжать. Однако в час отъезда от волнения у отца случился сердечный приступ. Брать его в дорогу в таком состоянии было невозможно. Это означало убить его. Пришлось нам остаться. Отец пытался настаивать на том, чтобы я бросил его и ехал один. «Мой конец близок настолько, что до него можно дотянуться рукой, — говорил он. — Я уже не жилец на этом свете. А ты молод, Велвл, тебе жить да жить. Оставь меня и спасайся». Но я не мог так поступить, не мог оставить тяжелобольного отца. В те дни мы много разговаривали (большей частью говорил я, потому что отец был слаб), и тогда, наверное, впервые в жизни я ощутил сильное чувство сыновней любви к моему отцу. До этого я почитал его как своего родителя, оказывал ему должное уважение, заботился о нем, но любви между нами не было. Она появилась в последние дни, которые мы провели вместе. Я благодарен Всевышнему за эти дни, без них моя жизнь была бы бедной.

Когда немецкие танки подошли к Гуре, все куда-то побежали, все начали искать спасения. Мы остались на месте. Отец, если вставал, мог сделать несколько шагов по комнате, а никакого транспорта уже не было. Да и что толку бежать, когда одни отступают, а другие наступают, кругом стреляют, рвутся снаряды. Я решил пересидеть страшные дни в погребе, а потом найти способ для того, чтобы двигаться на восток. Того, чем мы с отцом располагали (я имею в виду золото и кое-что из драгоценностей), могло хватить на покупку лошади с телегой. Я решил, что если мы острижемся под польских крестьян (у меня были длинные волосы, а отец носил пейсы), переоденемся, измажем лица пылью и грязью, то как-нибудь сможем спастись. Можно выдать себя за жителей восточных областей, приезжавших в Варшаву по делам, или же придумать что-то еще, чтобы оправдать свое движение на восток. Немецких патрулей и постов на дорогах я не очень-то боялся. Мои способности позволяли «превратить» обрывок бумаги в самый правильный документ. Мне казалось, что у нас с отцом есть шансы спастись. Обнадеживало и то, что отцу стало немного лучше. Я смел надеяться на то, что путешествие на телеге окажется ему по силам.

Гура-Кальвария — маленький город, одно только название, что город, а на самом деле это деревня, в которой все друг друга знают. На второй день после прихода немцев к нам явился капитан в сопровождении четырех или пяти солдат. Они пришли за мной. «Ты — Вольф Мессинг?» — спросил меня капитан. Отрицать, что я Мессинг, было невозможно. Мне бы не поверили. Кто еще мог оказаться в доме Гирша Мессинга, как не его сын? Но я решил попытаться выдать себя за одного из моих братьев. «Я не Вольф, а его брат Берл», — сказал я и попытался понять, о чем думает капитан. «Врешь, свинья!» — рявкнул капитан и нанес мне сильный удар кулаком в лицо. Я потерял сознание. Очнулся я в тесной камере без окон. То был какой-то подвал, совершенно пустой. Я лежал на голом полу. Нос мой был разбит, во рту недоставало зубов, спина и бока болели, видимо, меня пинали, пока я был без сознания. Я попытался сосредоточиться. Это мне удалось, хоть и не сразу, потому что в голове сильно шумело. Ясный ум был моим единственным оружием, «осечка» грозила гибелью. Когда необходимый настрой был достигнут, я начал стучать в дверь и кричать, что хочу по нужде. Спустя несколько минут дверь распахнулась. Немецкий солдат (или, может, то был унтер-офицер, я не обратил на это внимания) открыл дверь и швырнул в меня ведром. Именно швырнул в меня, желая позабавиться, а не просто бросил в камеру. Это было мне на руку. Притворившись, будто ведро сильно ушибло меня, я упал на пол и застонал. Солдат задержался на пороге, наслаждаясь моими стонами. За это время, не переставая стонать, я внушил ему, чтобы он вошел в камеру и отдал мне ключи. Немец подчинился. Забрав ключи, я встал в углу и приказал немцу позвать сюда своих товарищей. «Сюда! Скорее! — заорал он во всю глотку. — Камера пуста! Заключенный бежал!» Прибежали еще трое немцев. Я внушил им, что они должны сесть на пол и ждать своего командира. Они подчинились. Я вышел, закрыл дверь, запер ее и ушел. Выбравшись из подвала, я понял, что нахожусь в здании ратуши. До того как выйти на улицу, мне пришлось миновать три поста охраны. Все прошло благополучно. Немцы пропускали меня, не замечая.

В разграбленном магазине готовой одежды мне удалось найти одежду, более подходящую для бегства, нежели мой когда-то хороший, но сейчас порванный и грязный костюм. Осторожно прокравшись к нашему дому, я увидел, что он пуст. Выждав около часа, для того чтобы полностью убедиться в отсутствии засады, я пробрался внутрь и увидел картину полного разгрома. Все было перевернуто вверх дном, свалено на пол, разбито. Было видно, что немцы не просто развлекались здесь, а что-то искали. Подушки были не просто распороты, но и выпотрошены, любимая шкатулка отца, в которой он хранил все ценное, разбита, и так далее. Я поблагодарил судьбу за то, что по какому-то наитию, которое иначе, чем предчувствие, нельзя было назвать, спрятал свои ценности: булавку от галстука, пару перстней, запонки, несколько золотых монет — в тайник. Тайник у меня был хитрым, немцы его не нашли. Я вообще мастер устраивать тайники. Забрав ценности, я подкрепился тем, что не растоптали и не испоганили немцы, и отправился к соседке, которая помогала отцу по хозяйству. Она рассказала, что видела, как немцы увозили отца. Он не мог идти, солдаты несли его, взяв за руки и ноги, и зашвырнули в машину. Мне очень хотелось найти отца, но я не представлял, где он мог быть, а рисковать, оставаясь в городе, где меня все знали, я не мог. С тяжелым сердцем я покинул родной город. Интуиция повела меня на юг, вдоль реки[1]. Я шел всю ночь, утром спрятался в каком-то стогу, отдохнул немного, пошел дальше, перешел через реку, спрятался в роще... Петляя, словно заяц, вышел к Гарволину[2]. Нанял подводу, доехал на ней до Лукова[3], дальше шел пешком. Судьба хранила меня, к тому же я был очень осторожен. Всем, с кем мне приходилось встречаться, я перед расставанием внушал, чтобы они меня забыли. В Лукове мне удалось раздобыть документы на имя Казимира Новака. С ними мне стало немного спокойнее. Я шел там, куда только что пришли немцы. С одной стороны, это облегчало мое продвижение, потому что немцы еще не успели толком установить свои порядки. С другой стороны, было много патрулей и, кроме того, любой немецкий солдат мог проявлять бдительность и проверять документы у всех, кто казался ему подозрительным. Кроме моих способностей меня спасало то, что у меня был очень

---

[1] Речь идет о Висле.
[2] Гарволин — город в Польше, примерно в 40 км от Гуры-Кальварии.
[3] Луков, точнее Лукув, — город в Польше, примерно в 60 км от Гарволина.

мирный, не вызывающий никаких подозрений вид. Меня несколько раз обыскивали, но не находили ничего опаснее прихваченного из дома складного ножика и отпускали. Помогало и то, что всем немцам, встречавшимся на моем пути, я сразу же начинал внушать: «Это мирный человек. Он не представляет никакой опасности. Пусть идет себе дальше». Труднее всего было перейти границу — найти лодку и переплыть через реку[1]. Здесь мои способности помочь мне не могли. Я не в состоянии был внушить что-либо солдату, который вдалеке от меня стоял на посту и следил за тем, чтобы никто не переплывал на тот берег. Здесь пришлось положиться на удачу. Мой проводник волновался еще больше, чем я. Накануне немцы расстреляли две лодки. Из осторожности мы отправились в путь перед самым рассветом. «Это лучшее время, — сказал мой проводник. — Всех клонит в сон». Его расчет был верным. Мы бесшумно переплыли реку и причалили к советскому берегу. Я не успел сделать и двадцати шагов по земле моей новой родины, как услышал грозный окрик: «Стоять!» С огромной радостью — я спасен! спасен! спасен! — я поднял вверх руки и громко сказал фразу, которой научил меня один аптекарь в Ольшыне[2]: «Не стреляйте, товарищи, я свой!»

О как же мне было приятно услышать русское «Стоять!» вместо немецкого «Halt!»[3]. Только тот, кто испытал столько, сколько испытал я, в состоянии понять глубину моей радости.

Так началась моя жизнь на второй родине — в Советском Союзе.

---

[1] Речь идет о Западном Буге.
[2] Ольшын — населенный пункт в Польше, примерно в 30 км от Бреста.
[3] «Стоять!» *(нем.)*

# Новая жизнь

«Ciekawość — pierwszy stopień do piekła»,[1] — говорят поляки. Я с этим утверждением не согласен. Любопытство, на мой взгляд, хорошее качество. Кто не любопытен, тот не узнает ничего нового. Другое дело, что любопытство должно иметь пределы. Мне, например, нравится любопытный интерес к моему феномену, но совершенно не нравится, когда посторонние люди интересуются моей личной жизнью. Тут дело не в любопытстве, а в приличиях. О приличиях никогда не следует забывать. А любопытство — это хорошо. Это замечательно. На каждом своем выступлении я вижу сотни любопытных глаз, и это меня очень радует.

Радость и любопытство стали моими первыми ощущениями в Советском Союзе. По поводу радости, мне кажется, объяснять излишне. Любопытство же было вызвано тем, что в сорок лет я впервые в жизни увидел другой строй. Я много где успел побывать, но там все было на один и тот же лад. А здесь все было по-другому, ново, необычно.

Незадолго до перехода границы я огорчился, подумав, что у меня нет с собой какого-нибудь доказательства моей профессии — ни афиши, ни последнего контракта, совсем ничего нет. Я никогда не выступал в Советском Союзе и считал, что меня там не знают. Значит, придется долго объяснять всем, кто я такой, и доказывать свои способности, доказывать, что я не шарлатан. Как бы еще, думаю, не приняли бы меня за шпиона. Я слышал, что в Советском Союзе не признают мистики: гаданий, астро-

---

[1] «Любопытство — первый шаг в пекло» *(польск.)*.

логии и прочего. Вдруг подобное отношение будет и ко мне? Случалось так, что несведущие люди называли меня астрологом. Кем меня только не называли! Астрологом, иллюзионистом, чародеем. На одной афише по нелепой ошибке так и было напечатано: «иллюзионист-телепат Вольф Мессинг».

Но опасения мои были напрасны. Оказалось, что в Советском Союзе меня знают. После перехода границы меня допросили, отвели в баню, накормили и оставили отдыхать в каком-то двухэтажном здании, очень похожем на бывшую казарму. В этой казарме нас было человек сто — все беженцы из Польши, преимущественно евреи. Но были также коммунисты и большое семейство цыган. Из казармы выходить не разрешалось. У входа стоял часовой, еще один стоял на улице. Обращались с нами вежливо, кормили хорошо. Мои соседи сказали, что живут здесь уже третий день. Я приготовился к тому же, но на следующее утро за мной пришли и отвели к какому-то офицеру. Я не разбирался в советских званиях и не мог читать их по петлицам, но по тому, как вытягивались перед офицером приведшие меня солдаты, я догадался, что меня привели к высокому чину. «Вы тот самый Вольф Мессинг?» — спросил меня офицер по-польски. «Да, тот самый», — ответил я. «Можете доказать?» — Офицер пытливо посмотрел мне в глаза. «Могу», — ответил я. Понять, о чем думает мой собеседник, было трудно. Люди с сильной волей хорошо умеют владеть своими чувствами, особенно когда хотят что-то скрыть. Офицер явно пытался скрыть от меня свои мысли, но это ему не удалось. Было, правда, одно обстоятельство, которое меня слегка смутило, но я быстро понял, в чем дело. «Скажите тому, кто наблюдает за нами, что он может войти и рассмотреть меня получше, — сказал я. — Лишний человек нам не помешает. А еще лучше пригласить человек десять, чем больше свидетелей, тем лучше». Лицо офицера не выразило никаких чувств — ни удивления, ни чего-то еще. Это действительно был человек с железной волей. В комнату вошел высокий мужчина в штатском, интеллигентной внешности. «Да, это Вольф Мессинг, товарищ капитан, — сказал он офицеру и обратился ко мне: — Пан Мессинг, я бывал на ваших выступлениях в Варшаве. Моя фамилия Войцеховский. Я переводчик». Мне было очень удивительно, что ко мне обращаются «пан». Я думал, что в Советском Союзе панов нет, только товарищи. И еще я удивился тому, что офицер оказался капитаном. Мне казалось, что у него более высокий чин, не меньше полковника. Я тогда не мог знать, что в госбезопасности существует своя система званий и что капитан госбезопасности равен полковнику.

Больше никто не пришел. Мне устроили небольшое испытание. Войцеховский писал на бумажке задание, передавал ее капитану и смотрел на меня. Я говорил, что там было написано. Капитан остался доволен результатами испытания. Как его фамилия, я так и не узнал. Больше я никогда его не видел.

В казарму я не вернулся. Мы с Войцеховским на машине поехали куда-то далеко за город[1]. По дороге Войцеховский рассказал мне о себе. Он был польский коммунист, по профессии учитель, родом из Белостока. Я успел узнать это еще во время испытания, как и то, что на самом деле у него была другая фамилия, и многое другое узнал о нем, но не показывал этого. Не хотел ставить его в неловкое положение. Мне устроили испытание, я его выдержал, этого достаточно.

Человеческий ум похож на шкатулку, в которой хранится много драгоценностей — мыслей. Одни лежат на поверхности и сразу же бросаются в глаза, другие прячутся внизу. Когда я вглядываюсь в человека, я сразу же вижу все содержимое его «шкатулки». Человек думает одновременно о многом, хотя сам того не подозревает. Ему кажется, что его ум занят только передачей мне мысленного задания, тем, чтобы я взял карандаш и написал определенное слово, но на самом деле он в это время

---

[1] Речь идет о Бресте.

думает и о важном разговоре с начальством, и о подарке жене на день рождения, и о том, что вчера сделали дети, и еще о многом. Очень сильно проступает сквозь все прочие мысли обида. Если человека обидели, он не только долго помнит об этом, но и постоянно думает. Ему кажется, что он не думает, но на самом деле он думает, переживает. Такое же свойство имеет и любовь. Влюбленный постоянно думает о предмете своей любви. Ухватившись за одну засевшую в голове мысль, можно узнать о человеке очень многое, подобно тому, как, ухватившись за кончик нити, можно размотать весь клубок. Разумеется, во время своих выступлений я никогда не озвучиваю все, что мне удается прочесть. Ограничиваюсь только тем, что человек хочет мне передать, или же, если мне не передают задания, а просто просят угадать, «о чем я думаю», беру ту мысль, которая лежит сверху.

Войцеховский (продолжу называть его так, как он мне представился) привез меня на аэродром. Не прошло и получаса, как мы вылетели в Минск. В самолете я попросил Войцеховского перейти на русский язык. Мне хотелось как можно скорее начать свободно объясняться по-русски. Немного я знал, потому что, еще живя в Польше, купил русско-польский словарь и несколько романов на русском языке. Изучал так: открывал книгу, читал слово, если не понимал его значения (русский язык немного схож с польским), то искал в словаре. Или же читал словарь как книгу. Благодаря моей хорошей памяти мне многое удалось запомнить. Конечно же, брать уроки было бы полезнее, но я не имел такой возможности. Приходилось обходиться тем, что было под рукой, — словарем. Послушав мой русский, Войцеховский сказал, что сейчас разговаривают иначе. Не употребляют слов «сударь» и «милостивый государь», не говорят «позвольте мне» и так далее. «Сразу видно, что вас учил русскому какой-то эмигрант», — сказал Войцеховский. Я рассказал ему о том, как изучал русский, и назвал романы, которые пробовал читать. Оказалось, что все они написаны в девятнадцатом веке. Спросив, знаю ли я немецкий язык, Войцеховский пообещал дать мне разговорник на немецком.

Мы прилетели в Минск. Я думал, что теперь, после проверки моих способностей, меня поселят в гостинице, но привезли в какой-то небольшой двухэтажный дом, огороженный высоким забором с колючей проволокой. Возле ворот дежурили двое часовых. Войцеховский познакомил меня с пожилой женщиной по имени Мария и уехал, сказав, что заедет за мной завтра с утра. Мария отвела меня в мою комнату на втором этаже, показала, где что находится, и сказала, что я могу выходить на прогулку во двор, но за ворота меня не выпустят. Она хорошо говорила по-польски, но в речи ее присутствовал акцент. Признаться, меня немного расстроило то, что меня держат под охраной, пусть и весьма деликатной. «Значит, мне не доверяют», — подумал я. В шкафу, который стоял в моей комнате, я нашел все необходимое из одежды и новые ботинки. Все было идеально подобрано по размеру. Я очень обрадовался, потому что моя одежда, взятая из магазина в Гуре, изрядно обтрепалась за время моего путешествия, а я привык выглядеть аккуратно.

В доме не было других жильцов, кроме меня. Я провел там пять дней, не считая дня приезда. На следующий день мы с Войцеховским поехали в Управление НКВД. По дороге у меня была возможность осмотреть Минск. Город мне понравился, хоть и выглядел очень необычно. Красные флаги, портреты Ленина и Сталина, совсем другие витрины магазинов, люди одеты иначе, все другое, незнакомое. «Это теперь мой дом», — подумал я, глядя в окно. Затем я подумал о родных: где они, что с ними, жив ли отец? Очень хотелось надеяться на лучшее, на то, что я еще смогу когда-нибудь увидеть отца и братьев. «Надежда — это еврейское счастье», — говорили у нас в Гуре.

В Управлении НКВД я приготовился к очередной демонстрации моих способностей, но ошибся. Весь день разные люди в разных кабинетах задавали мне практически одни и те же вопросы, касавшиеся моей биографии. Несомненно, это была проверка — спрашивать об одном и том же и сравнивать ответы. Иногда я пытался отвечать на вопросы по-русски, Войцеховский, если было надо, поправлял меня. Последним в тот день со мной встретился нарком Цанава[1]. Встреча наша была короткой. Цанаве хотелось посмотреть на меня, прежде чем докладывать обо мне в Москву. Отношение ко мне с его стороны было неприязненным, хотя он и старался этого не показывать. Мне не составило труда за время нашей беседы разобраться в причинах. В первую очередь Цанава был антисемитом. Кроме того, он опасался неприятных для себя последствий. Ему хотелось угодить своему начальнику Лаврентию Берии[2] (самого Цанаву тоже звали Лаврентием), но он не понимал, какое мнение обо мне придется Берии по душе. Назвать меня шарлатаном? Или признать, что я на самом деле обладаю способностями к телепатии? «Лучше было бы расстрелять тебя по-тихому», — думал Цанава, разглядывая меня. Я порадовался, что моя судьба не зависит от этого неприятного, жестокого человека. Внешность у Цанавы тоже была неприятной: колючие глаза, взгляд исподлобья, чванливо выпяченная губа. Внешность человека не всегда соответствует его характеру. Так, например, мой брат Берл был далеко

---

[1] Цанава (Джанджгава) Лаврентий Фомич (1900—1955) — нарком внутренних дел Белорусской ССР в 1938—1941 годах. Считался близким другом Л.П. Берии. В феврале 1952 года был снят с должности начальника 2-го Главного управления МГБ СССР, в апреле 1953 года был арестован по обвинению в измене Родине и антисоветской деятельности, умер в тюрьме во время следствия.

[2] Берия Лаврентий Павлович (1899—1953) — советский государственный и политический деятель, генеральный комиссар госбезопасности (1941), маршал Советского Союза (1945), Герой Социалистического Труда (1943). В 1953 году, после смерти Сталина, был обвинен в шпионаже в пользу Великобритании и других стран, в стремлении к ликвидации советского рабоче-крестьянского строя, в реставрации капитализма и восстановлении господства буржуазии, а также в моральном разложении, в злоупотреблении властью, в фальсификации тысяч уголовных дел на своих сослуживцев в Грузии и Закавказье и в организации незаконных репрессий. Специальным судебным присутствием Верховного суда СССР под председательством маршала И.С. Конева приговорен к высшей мере наказания. Расстрелян 23 декабря 1953 года.

не красавцем, но у него была добрая душа. А граф фон Хелльдорф, о котором я упоминал ранее, излучал обаяние, но при этом был негодяем из негодяев. «Нельзя судить о начинке пирога по румяной корочке», — говорит моя ассистентка Валентина Иосифовна[1]. Но Цанава был из тех пирогов, у которых корочка соответствовала начинке.

«Мы еще с вами увидимся», — сказал Цанава на прощание. При этом он искренне желал никогда больше меня не видеть.

Цанава думал на русском или на грузинском. Один язык я знал плохо, другого совсем не знал. Но чтение мыслей не связано со знанием языков. Я вижу не слова, написанные в книге. Я вижу образы. Я чувствую мысли. Я смотрю на человека и думаю то же самое, что думает он. Если бы моими способностями обладал каждый, то не нужно было бы никаких переводчиков. При желании я мог бы обойтись и без Войцеховского. Мог бы читать мысли собеседника и внушать ему ответы на его вопросы. Но заниматься этим целый день было бы слишком утомительно. Кроме того, все беседы, кроме беседы с Цанавой, протоколировались. В углу непременно сидел человек, который вел запись.

Демонстрация моих способностей состоялась на следующий день в Академии наук. Мне пришлось выступить перед аудиторией, которую можно без преувеличения назвать «золотой». Там были одни академики с профессорами. Несколько человек были одеты в военную форму. Я говорил преимущественно по-польски, Войцеховский переводил. Мое «выступление», если это можно так назвать, с перерывами растянулось на целый день. Опыты сменялись расспросами, затем мы снова приступали к опытам. Некоторые опыты были очень сложными. Так, например, двенадцать человек пытались одновременно передавать мне разные задания. Затем они разбились на пары. Один человек из

---

[1] Валентина Иосифовна Ивановская — ассистентка Вольфа Мессинга в период с 1961 по 1974 год.

пары передавал мне задания, а второй пытался внушить мне, что задание нельзя выполнять. Противоречащие друг другу мысли сбивают настрой, особенно когда одновременно слышишь шесть пар таких противоречий, но я справился. Выполнил все, что от меня требовалось, и, кроме того, сказал, кто какое задание мне давал, а кто внушал, что это задание выполнять нельзя. После этой «атаки» мне дали несколько очень сложных заданий, состоящих из десятка, а то и больше действий. Формулировались задания тоже сложно. Например, не «подойти к женщине, которая сидит пятой справа в третьем ряду», а «подойти к женщине, которая сидит в третьем ряду между полковником и брюнетом». Не «попросить у нее карандаш», а попросить именно красный карандаш, который нужно было передать тому мужчине в седьмом ряду, у которого немного ослаблен узел галстука. Это довольно просто изложить словами, но мысленная передача подобных заданий может легко сбить с толку, вызвать путаницу. Один образ накладывается на другой, образы сливаются, меняются местами. Забывшись, можно попросить у мужчины из седьмого ряда галстук, передать его женщине в третьем ряду и попросить, чтобы она повязала его своему соседу-полковнику.

В аудитории были специалисты по гипнозу. Двое из них по очереди пытались загипнотизировать меня, но у них ничего не получилось. Я трудно поддаюсь внушению. «У вас иммунитет», — пошутил один из гипнотизеров. Наверное, так оно и есть — иммунитет. Зашел разговор о Ганусене, о котором в Советском Союзе тоже знали. У меня сложилось впечатление, что здесь, в Советском Союзе, знали обо всем, что происходило в Европе, в то время как в Европе о Советском Союзе толком ничего не знали. Во всяком случае, то, что мне доводилось читать в польских и немецких газетах, шло вразрез с тем, что я увидел своими глазами. «Не покупай козу, пока не подоишь ее», — говорили у нас дома.

Про Ганусена я мог рассказать только с чужих слов. Я рассказал то, что знал, и подтвердил, что Ганусен не был шарлатаном. Кто-то спросил про Фрейда, но я с его теорией толком знаком не был, только слышал кое-что. Много спрашивали о том, развиваю ли я свои способности и как я это делаю. Я честно ответил, что целенаправленным развитием никогда не занимался и не представляю, как можно тренировать телепатию, но по мере накопления опыта способности мои усиливаются.

«Завтра мы займемся вами детальнее», — пообещал мне полный пожилой мужчина с аккуратной бородкой. «Это профессор Гиляровский[1] из Москвы», — шепнул мне Войцеховский.

Назавтра меня отдали в руки врачей. Меня осматривали врачи разных специальностей: терапевты, невропатологи, психиатры. Больше всего со мной провозились психиатры, которыми руководил профессор Гиляровский. Начали утром, закончили вечером, когда уже стемнело. «Совсем вас замучили», — пошутил Войцеховский, когда мы ехали обратно. Я спросил его, что меня ждет завтра. Войцеховский ответил, что завтра у нас с ним выходной, потому что все, кто со мной сегодня общался, должны будут подготовить доклад и заключение наркому. А нарком решит, как со мной поступить. «Завтра мы можем погулять по городу, — сказал Войцеховский. — Или, может, вы предпочитаете рыбалку?» Я ответил, что предпочитаю прогуляться по Минску, а рыбалка меня никогда не привлекала. Признаться, меня немного удивил вопрос о рыбалке, поскольку в Польше этому занятию обычно предавались дети. Рыбалка как вид досуга не была там распространена, в отличие от охоты. Но оказалось, что в Советском Союзе рыбалкой увлекаются многие. Я к ней так и не пристрастился. Охотиться мне тоже никогда не хотелось. А вот собирать грибы или ягоды я люблю. Вернее, любил рань-

---

[1] Василий Алексеевич Гиляровский (1876—1959) — русский и советский психиатр, в 1937—1941 годах работал консультантом Института судебной психиатрии им. В. П. Сербского.

ше, когда состояние моего здоровья позволяло мне длительные прогулки. Собирательство даров природы удовлетворяет азарт, но при этом не вынуждает никого убивать. Я бы не смог бросить в ведро пойманную мною рыбу — отпустил бы ее обратно в воду.

При более близком знакомстве Минск понравился мне еще больше. День был воскресный. Хорошая солнечная погода, кругом много народу. Мы то ехали на машине, то выходили прогуляться. Мне все было в диковинку, начиная с флагов и лозунгов и заканчивая незнакомыми деньгами. То и дело я спрашивал у Войцеховского значение того или иного непонятного мне слова. Войцеховский с удовольствием объяснял, чувствовалось, что ему нравится роль гида. Он сказал, что сам когда-то оказался в том же положении, что и я, когда впервые приехал в Советский Союз. «Это что! — сказал Войцеховский в ответ на мою похвалу Минску. — Вы еще не видели Москвы и Ленинграда!» И при этом он подумал, что Москву я увижу очень скоро, вероятнее всего, уже послезавтра. Завтракал я у себя «дома», а обедали мы в одном из минских ресторанов. Ресторан меня, честно признаться, разочаровал. Блюда были сытными, но не очень вкусными. Чувствовалось, что повар не особенно старался. Пани Мария готовила точно так же. Блюда подавались по-простому, без каких-либо эстетических изысков. В Польше повара старались украсить свои творения: вырезали цветы из овощей и фруктов и т. п. Здесь же ничего такого не было. Еда просто накладывалась в тарелку, причем бифштекс мог оказаться погребенным под гарниром. Салфетки были не белоснежными, а сероватыми, расторопность официантов оставляла желать лучшего. Да и для того, чтобы подозвать официанта, требовались определенные усилия. Взгляда или легкого движения руки для этого было недостаточно. И подходили официанты не сразу, а когда подходили, то не улыбались. «Что ты хочешь, Велвеле? — сказал я себе. — Советский Союз — страна всеобщего равенства. Здесь не принято заискивать перед клиентами. Здесь, наверное, никто не перед кем не заискивает».

Но тут же вспомнил, как раболепно смотрел на Цанаву его секретарь, и поправил себя: перед высоким начальством заискивают повсюду, такова уж человеческая природа, и с этим ничего не поделать. Зато в Польше в ресторане такого уровня могли бывать только богатые люди, а здесь за столами сидела совершенно другая публика, простые на вид люди. Я попробовал присмотреться к тем, кто сидел за соседними столиками, и предположение мое подтвердилось. Там были рабочие, был фельдшер, была счетовод. Самые обычные люди. Я как-то особенно остро осознал, что впереди меня ждет еще много открытий, осознал, что жизнь моя круто изменилась. Можно сказать, что я родился заново и сейчас познаю мир подобно младенцу.

Вечером, перед тем как заснуть, я прислушался к своей интуиции, попытался заглянуть в свое собственное будущее — в ближайшее и в отдаленное. Меня очень интересовало, что ждет меня впереди. Наверное, никогда в жизни меня так не интересовало мое будущее, как в тот вечер. Увидеть ничего не удалось, но неожиданно пришло ощущение покоя, которое разлилось по моему телу приятным теплом. Убаюканный этим ощущением, я заснул и впервые за последние месяцы хорошо выспался. Поглядев утром в зеркало, я увидел там себя обычного, а не того изможденного человека, которого привык видеть за последнее время. Завтракал я с особенным аппетитом, а после завтрака вышел во двор и курил там, ожидая приезда Войцеховского. Кажется, даже что-то напевал, что случалось со мной нечасто. Войцеховский, увидев меня, удивился тому, насколько хорошо сказался на том, как я выгляжу, один-единственный день отдыха. Я не стал объяснять ему, что дело совсем не во вчерашнем отдыхе, а в чем-то несоизмеримо большем. Мы поехали в Управление НКВД к Цанаве. Войцеховский не стал скрывать от меня, что меня отправляют в Москву. А если бы и скрыл, я бы все равно это узнал. «Новость», которую сообщил мне Цанава, для меня была уже не новостью. «Вас хочет видеть Лаврентий Павлович!» —

очень многозначительно и с почтением в голосе сказал Цанава. Я не сразу сообразил, кого он имеет в виду. Я вообще плохо знал советское руководство. Знал Сталина, знал Ворошилова[1], на которого в польских газетах постоянно рисовали карикатуры, и по карикатурам же запомнил Молотова[2]. Художники, обыгрывая его фамилию, рисовали его в виде молотка с глазами и очками, которым размахивал Сталин. Про Берию я слышал, но имени и отчества его не помнил.

Во время нашей второй встречи Цанава вел себя иначе. Неприязнь ко мне осталась, но доклады тех, кто со мной общался, немного успокоили его. Он сообщил в Москву, что я не шарлатан и не сумасшедший, а человек с уникальными способностями, которые требуют изучения. Больше я у Цанавы не бывал. Несколько раз мы встречались, но в других кабинетах. Однажды столкнулись в фойе Большого театра, кивнули друг другу и разошлись. Цанава был с женой. Его жена Тамара была очень красивой женщиной с выразительными восточными глазами. Ее принимали за грузинку, но она была еврейкой. Она умерла в 1944 году, ей тогда было около сорока. О ее смерти ходили разные слухи.

---

[1] Климент Ефремович Ворошилов (1881—1969) — революционер, советский военачальник, государственный и партийный деятель, участник Гражданской войны, один из первых Маршалов Советского Союза. С 1925 года нарком по военным и морским делам, в 1934—1940 годах — нарком обороны СССР. В 1953—1960 годах — председатель Президиума Верховного Совета СССР.

[2] Вячеслав Михайлович Молотов (настоящая фамилия Скрябин, 1890—1986) — советский политический и государственный деятель. Председатель Совета народных комиссаров СССР в 1930—1941 годах, народный комиссар (министр) иностранных дел СССР в 1939—1949 и 1953—1956 годах. Из-за разногласий с Н.С. Хрущевым в июне 1957 года Молотов был обвинен в принадлежности к т. н. «антипартийной группе», снят с высоких постов, выведен из состава Президиума ЦК КПСС и из ЦК КПСС и назначен на должность посла СССР в Монголии (это назначение можно было считать ссылкой).

# Берия

Если Минск удивил меня, то Москва поразила. Никакого сравнения с Варшавой, Берлином или Парижем. Москва совершенно другой город. Я сразу почувствовал, что этот город станет моим домом, что здесь я буду жить. Войцеховский остался в Минске. Теперь меня сопровождал другой переводчик, товарищ Кузнецов, высокий, спортивного склада мужчина, примерно моих лет (мне тогда было сорок). Он так и представился: «Меня зовут товарищ Кузнецов», не называя своего имени и отчества. Выправка у него была военная, штатский костюм сидел на нем как парадная форма. Это был первый человек из увиденных мной в Советском Союзе, у которого костюм был идеально подогнан по фигуре. Я, конечно же, узнал, как зовут моего переводчика, и узнал его настоящую фамилию, но ему об этом не говорил. И здесь, в моих воспоминаниях, стану называть его «товарищем Кузнецовым». Он был русским из Вильно[1]. Родился там, вырос, хорошо знал польский и литовский языки, немного говорил по-немецки. Мне доводилось бывать с выступлениями в Вильно, мы с товарищем Кузнецовым нашли о чем вспомнить.

Товарищ Кузнецов показал мне Москву. Мы побывали во всех ее главных памятных местах, начиная с Мавзолея. Теперь я могу написать, опасаться мне уже некого, что Мавзолей произвел на меня удручающее впечатление. Траурное убранство, часовые у входа, забальзамированный труп, атмосфера фальшивой скорби... Мне, как человеку отчасти религиозному, Мавзолей

---

[1] Вильно — польское название Вильнюса. С 1922 по 1939 год Вильно входил в состав Польши.

показался кощунством. Мертвые должны быть преданы земле, другого варианта я не знаю. Чем-то древним, неправильным повеяло на меня в Мавзолее. Было очень неприятно начинать знакомство с Москвой с этого места. Но что поделать... В России говорят, что не стоит соваться со своим уставом в чужой монастырь. Так оно и есть.

Меня поселили на даче недалеко от города Люберцы. По уровню комфорта эта дача значительно превосходила ту, на которой я жил в Минске. Она не уступала хорошему европейскому отелю. Мой номер состоял из двух комнат — спальни и кабинета. Везде стояла хорошая мебель, в кабинете имелись книги, правда, в большинстве своем коммунистической тематики. Обедал я в столовой, небольшой, на четыре стола. Из развлечений на даче были шахматы и бильярд. Я жил там один, но было ясно, что при желании здесь можно разместить до двадцати человек. У ворот дежурили часовые. «Здесь ты важный человек, Велвеле, — сказал себе я. — Князя Чарторыйского не охраняют так, как охраняют тебя». Я уже не волновался по поводу своего будущего. Я знал, что все у меня будет хорошо. Волновала меня участь моих родных, в особенности — тяжелобольного отца. Что-то подсказывало мне, что его уже нет в живых, но я отгонял прочь от себя эту страшную мысль. Как ни гони, что ни делай, но спустя несколько лет мне пришлось смириться с реальным положением дел и признать, что все мои родные погибли.

И дача, на которой я жил, и экскурсия по Москве, и то, что я слышал от товарища Кузнецова, служило одной цели — произвести на меня впечатление. Сильное-пресильное впечатление. Мне было ясно, что во мне здесь заинтересованы, что в мои способности верят, что меня не считают шарлатаном. Еще перед отъездом из Минска я пристрастился слушать радио и жадно впитывал все советские новости. Разумеется, впитывал то, что был способен понять, но благодаря моей хорошей памяти и тому, что вокруг меня постоянно звучала русская речь, я делал огромные успехи.

Только от акцента избавиться так и не удалось. В годы войны мой акцент несколько раз приводил к тому, что меня задерживали как шпиона, но вскоре отпускали. В Советском Союзе мне не требовалось прибегать к тем ухищрениям, к которым я прибегал у немцев. Достаточно было назваться и предъявить документы. А вот официантов или продавцов мне нередко приходилось подвергать внушению. Забегая немного вперед, расскажу о том, как однажды я внушил таксисту, который ни за что не соглашался вести меня с улицы Горького[1] во Внуково, на дачу к моим друзьям, чтобы он меня все-таки отвез. Внушил — и тут же пожалел об этом, потому что таксист впал в некое странное состояние, которому я затрудняюсь подобрать название. Он бодрствовал, поддерживал беседу со мной, но руки и ноги толком его не слушались. Машина двигалась рывками, вихляла из стороны в сторону. Мне пришлось так же мысленно отменить свой приказ и выйти из машины. Высадив меня, таксист поехал ровно.

Сильно удивляли меня советские магазины, в которых продавцы совершенно не были заинтересованы в том, чтобы продать как можно больше товара. Мне было очень интересно наблюдать за тем, что они думают. Мысли торговцев — это особый род мыслей и хорошая тренировка для меня. Когда-то, в юности, именно на рынках я оттачивал свои способности. Торговцы одновременно думают о многом: о том, чтобы продать товар, о том, стоит ли делать скидку или покупатель и так купит, о том, почем продают такой же товар конкуренты, о том, сколько еще товара осталось в магазине, и о многом еще. У торговцев очень бойкий ум. Их мысли то и дело перескакивают с одного на другое. Рядом толкаются покупатели, их мысли создают фон, который заглушает мысли торговцев. Есть еще и обычный шум, создаваемый множеством обычных, не мысленных голосов. Рынок в Гуре стал моим первым «техникумом».

---

[1] Ныне — Тверская улица.

Советские продавцы думали о чем угодно, кроме того, чтобы поскорее сбыть свой товар. О том, чтобы «поскорее», думали покупатели. Они торопились купить, пока товар не закончился. Я понял, что перебои с теми или иными товарами здесь обычное дело. Желая получше разобраться в этом (мне во всем хотелось разобраться получше и поскорее), я завел разговор на эту тему с товарищем Кузнецовым. Начал издалека, сказал, что в Польше не видел столько очередей, сколько в Советском Союзе. Товарищ Кузнецов оказался на высоте. Он явно был готов к такому вопросу, потому что подумал и ответил одно и то же. Он сказал, что жизнь в Советском Союзе давно наладилась, с каждым днем людям живется все лучше и лучше, что у них много денег, на которые они хотят купить как можно больше всего. Поэтому и очереди. Вначале я удовлетворился этим объяснением, но впоследствии разобрался, что к чему. Должен отметить, что те недостатки, которые я замечал в Советском Союзе, не могли испортить моего впечатления о моей новой родине. Достоинств я замечал гораздо больше. И самым главным, неимоверно большим достоинством было то, что здесь я мог дышать свободно, не опасаясь за свою жизнь. К моему огромному сожалению, в свое время и по Советскому Союзу прокатилась черная волна антисемитизма[1], но это случилось много позже. Главным антисемитом в Советском Союзе был министр государственной безопасности Абаку-

---

[1] Намек на «Дело врачей-отравителей» (оно же «Дело о сионистском заговоре в Министерстве государственной безопасности СССР») — уголовное дело против группы видных советских врачей, обвиняемых в заговоре и убийстве ряда советских лидеров. «Дело» стало самым громким и известным проявлением политической кампании по борьбе с т. н. «космополитизмом», которая по своему духу была выраженно антисемитской. Кампания началась в 1947 году, а само «дело» в 1948 году, когда врач Лидия Тимашук обратила внимание компетентных органов на недочеты в лечении А.А. Жданова, приведшие к смерти пациента. Вскоре после смерти Сталина, в 1953 году, все арестованные по «Делу врачей» были освобождены, восстановлены на работе и полностью реабилитированы.

мов[1]. Абакумов стоял у истоков антисемитской кампании, но его самого же накрыло этой черной волной. У русских есть очень хорошая пословица: «Не рой другому яму, сам туда упадешь». Мне доводилось встречаться с Абакумовым, он интересовался моими способностями. Абакумов во многом напоминал мне графа фон Хелльдорфа, правда, обаяния у Абакумова было гораздо меньше. Можно сказать, что не было совсем. Я расскажу о своих встречах с Абакумовым немного позже.

Моя первая встреча с Берией состоялась у него дома. Товарищ Кузнецов предупредил меня о том, чтобы сегодняшней ночью я не ложился спать, потому что мне предстоит важная встреча. «Почему ночью?» — удивился я. Товарищ Кузнецов ответил, что руководители партии и государства работают сутками напролет ради народного блага. Я не поверил ему, потому что без сна ни один человек долго прожить не может. Позже я узнал, что на самом деле Сталин любит работать по ночам, а от него эту привычку переняли другие руководители.

Особняк Берии поразил меня количеством охраны. Здесь был целый батальон, не меньше. Мне это показалось странным. По моему мнению, человеку, занимающему столь высокий пост, некого было бояться, да еще и в самом центре Москвы, столицы Советского Союза. Но, как оказалось впоследствии, Берии было кого опасаться. В Советском Союзе тоже плелись интриги и устраивались покушения.

Берия произвел на меня хорошее впечатление. Его сейчас принято ругать, его называют кровожадным извергом, разврат-

---

[1] Абакумов Виктор Семенович (1908—1954) — советский государственный деятель, генерал-полковник, заместитель наркома обороны и начальник Главного управления контрразведки «СМЕРШ» Народного комиссариата обороны СССР в 1943—1946 годах, министр государственной безопасности СССР в 1946—1951 годах. В июле 1951 года был арестован, обвинен в государственной измене и сионистском заговоре в МГБ. После смерти Сталина обвинения были изменены, Абакумова обвинили в фабрикации громких политических дел и приговорили к смертной казни. Приговор был приведен в исполнение 19 декабря 1954 года.

ником, насильником и так далее. Честно признаюсь, что за время
общения с Берией я не замечал в его мыслях ничего кровожад-
ного или развратного. Натура человека проступает в его мыслях.
Например, Цанава, будучи недовольным тем, что я «свалил-
ся» ему на голову, с сожалением думал о том, что меня нельзя
расстрелять тайком. Вот Цанава был жестоким человеком. Ему
проще было убить меня, чем разобраться в моих способностях.
Развратник в любой ситуации непременно будет оценивать ка-
ждую женщину, оказавшуюся в его поле зрения. Он может сам
этого не осознавать, он может думать о чем-то другом, но мозг
его все равно станет посылать сигналы: «Эта некрасива. А вот эта
хороша. Интересно, какая у нее грудь?» Человек с преступными
наклонностями (я говорю о наклонностях, не всякий, кто с преступными наклонностями, — преступник), наблюдая за моим
выступлением, думает о том, сколько стоят мои часы или мой
перстень, пытается предположить, сколько денег может лежать
в моем бумажнике. Характер человека непременно проявляется
в мыслях. В мыслях Берии я ничего преступного не улавливал.
Да, он был суров, резок, властен, но таковы почти все люди, за-
нимающие высокие посты. Им приходится командовать другими, и это налагает свой отпечаток на личность. К тому же время,
в которое пришлось жить Берии, было очень суровым. Тогда за
ошибки и просчеты не отправляли в отставку, а расстрелива-
ли. Это было неправильно. Страх — плохой помощник. Страх
парализует волю, притупляет ум, делает человека слабым. Мне
пришлось приложить огромные усилия для того, чтобы бежать
из того подвала, в который меня бросили нацисты, потому что
я тогда был растерян и напуган. Гораздо более сложные задания
Берии я выполнял легко, играючи, потому что не боялся его.

Наш разговор начался с застолья — позднего ужина, который
скорее можно было назвать ранним завтраком. Берия сказал,
что он только что вернулся домой, и предложил мне поужинать
с ним. Я узнал из его мыслей, что домой он вернулся полтора
часа назад и что ему хочется получше присмотреться ко мне,

а обстановку застолья он считает для этого самой подходящей. Узнал, но не подал виду. Ужин был обильным, он растянулся на два часа. Мы ужинали втроем: Берия, я и мой переводчик товарищ Кузнецов. Мы больше беседовали, чем ели. Время от времени выпивали, но понемногу. Всякий раз Берия произносил тост. Витиеватые кавказские тосты были мне в диковинку. Я больше привык пить под «лехаим»[1] и «прозит»[2]. Беседа наша состояла из вопросов, которые задавал Берия, и моих ответов. Вопросы были самыми разными. Задав два-три ничего не значащих вопроса (о том, что мне больше всего понравилось в Москве или какую рыбу я люблю), Берия спрашивал о чем-то серьезном, например, о том, как мне удалось бежать от нацистов, или о том, с кем из высокопоставленных людей мне приходилось встречаться за границей. Я отвечал правду, потому что не считал нужным ничего скрывать или сочинять. К тому же Берия был чрезвычайно проницательным человеком. По взгляду его чувствовалось, что он не хуже меня умеет отличать правду от лжи. Не исключаю, что он тоже имел кое-какие способности.

После расспросов настало время испытаний. Я уже привык к такому распорядку. От Берии я ждал чего-то каверзного и не ошибся. Правда, первое задание было простым — внушить двум обслуживавшим нас официанткам, чтобы они станцевали вальс. «Вы, товарищ Мессинг, можете внушить что угодно кому угодно?» — спросил Берия. Он называл меня «товарищ Мессинг». Сейчас я предпочитаю, чтобы ко мне обращались по имени и отчеству, но тогда мне весьма льстило обращение Берии. Я думал, что, если руководитель такого ранга называет меня «товарищем», значит, меня здесь приняли за своего. «Почти все и почти всем», — честно признался я, объяснив, что некоторые люди об-

---

[1] Лехаим! — традиционный еврейский тост, смысл которого переводится как «За здравие!» или «Будем живы!».

[2] Прозит! (от *лат.* prodesse — «быть полезным») — принятое в европейских странах застольное пожелание: «За ваше здоровье!»

ладают устойчивостью к гипнозу. Берии моя честность понравилась. Я чувствовал, что он расположен ко мне, только пока еще не до конца верит моим способностям. Берия подозвал адъютанта, который дежурил за дверями, и что-то шепнул ему на ухо. Я успел уловить, что речь идет о каком-то предупреждении. Когда адъютант ушел, Берия сказал мне: «Попробуйте выйти в одиночку на улицу, а потом вернитесь обратно». Задача была сложной. Я понял, что охрану предупредили о том, что сейчас я буду пытаться выйти. Внушать легче, если застал человека врасплох. Если человек находится в состоянии напряженного ожидания, с ним работать труднее. Значит, незамеченным мне проскользнуть не удастся. Что ж, чем труднее задача, тем приятнее мне ее решать. Да и наивно было бы надеяться на то, что такой человек, как Берия, даст мне простое задание.

Внушив охранникам, что перед ними сам Берия, я беспрепятственно миновал все посты. Выйдя на улицу, я закурил и посмотрел на дом. В одном из окон я увидел Берию. Он помахал мне рукой, приглашая вернуться. Я так же беспрепятственно вернулся. «Как вы это сделали? — удивился Берия. — Я же предупредил, чтобы охрана усилила бдительность». Я скромно улыбнулся. «Задам я вам задачу посложнее, — сказал Берия. — Сейчас мы с вами пойдем в фельдъегерскую. Попробуйте получить один из приготовленных для отправки конвертов и принесите его мне». В сопровождении Берии, его адъютанта и моего переводчика мы прошли по коридору. Перед поворотом Берия остановился и негромко сказал: «Фельдъегерская слева, там, где стоит часовой. Идите и принесите какой-нибудь конверт». Я тогда совершенно не понимал, как устроена фельдъегерская связь. Я этого до сих пор толком не понимаю, но догадался, что просто так мне конверт не отдадут. Непременно надо предъявить какой-нибудь документ, подтверждающий мои полномочия. В карманах у меня не было ничего похожего на документ, я тогда еще не получил советский паспорт, а мои польские документы — то есть не мои, а те, что я раздобыл во время бегства, — забрали на границе. Разве что пачка папирос? Внушив часовому, что он должен меня пропустить, я вошел внутрь и оказался в довольно большой комнате, похожей на обычный кабинет: стол, стулья, несколько сейфов, шкаф. За столом сидел мужчина в военной форме. Я поздоровался, подошел ближе, протянул ему пачку «Казбека» и внушил, что он должен отдать мне конверт. Внимательно рассмотрев силуэт всадника, скачущего на фоне гор, и сличив его изображение с моим лицом, военный достал из сейфа и передал мне большой коричневый пакет, запечатанный сургучом. Я вышел в коридор, завернул за угол и отдал пакет Берии. Он сильно удивился. Когда я рассказал, что послужило мне «документом», Берия рассмеялся. Возвращать пакет он пошел сам, а адъютант проводил меня до комнаты, в которой мы ужинали. К тому времени уже рассвело. Берия вернулся скоро, не прошло и пяти минут. «Сотрудника едва не хватил удар, когда я сообщил ему, кому он отдал секретные документы, — сказал Берия. — А вы можете сказать, что было в пакете?» Я ответил, что у меня не было такого задания, поэтому я не интересовался содержимым пакета, но я могу на ощупь узнать содержание письма, если оно написано на известном мне языке — на идиш, немецком или польском. Берия приказал адъютанту принести мне конверт с каким-нибудь документом на немецком языке. Спустя пять минут адъютант принес плотный конверт, в который был вложен лист бумаги. Я взял его в руки и сказал, что в конверте лежит сводка по грузообороту Данцигского порта за апрель 1939 года. «Как вам это удается?» — спросил Берия. Я честно ответил, что не знаю как. Стоит мне взять в руки конверт, как я вижу его содержимое. Во многом мои способности являются тайной и для меня самого. Я вижу результат, но не отдаю себе отчета в том, как я его достигаю. Многим кажется, что я лукавлю, что-то скрываю от них, но я на самом деле не понимаю «механизма» моих способностей. Я вижу только результат. И все ученые, которые пытались изучать мой феномен, так и не поняли, какова природа моих способностей.

Берия спросил, чем я собираюсь заняться в Советском Союзе. Я много думал об этом, поэтому ответ был у меня готов. Я сказал, что хотел бы продолжить то, что делал и в Польше, — выступать с опытами. Берия сказал, что моим способностям можно найти лучшее применение. Какого рода применение он имеет в виду, можно было понять, даже не читая его мысли. Меня подобная карьера не привлекала. Смолоду я усвоил, что от всего, что связано с политикой, следует держаться как можно дальше. Политические ветры переменчивы, они то возносят вверх, то швыряют вниз. От всего, что связано с политикой, исходит опасность. Это не мой путь, я спокойный, миролюбивый человек, привыкший довольствоваться немногим. Мне не нужна власть над людьми, меня никогда не привлекала политическая карьера. «Для каждого горшка находится своя крышка», — говорили у нас дома. Моя крышка — выступления, психологические опыты. Возможно, в моем неприятии политики сыграл роль пример Пинхаса Блувштейна, нашего соседа в Гуре. Пинхас был на три года старше меня и смолоду увлекся «идеями» (так у нас называли революционные идеи). Когда в России произошла революция, Пинхас сильно переживал, что она не дошла до Польши. Он занимался политикой. То пропадал в Варшаве, то уезжал в Белосток, то возвращался в Гуру и скрывался у своих родителей, то исчезал, то снова появлялся, а потом его убили. Какие-то люди в штатском ворвались в дом к Блувштейнам и застрелили Пинхаса, а заодно и его мать, которая в тот момент оказалась дома. Никто не сомневался, что Пинхас пострадал из-за своего увлечения политикой. В день его гибели я гостил в Гуре у отца. То был памятный для меня день. Я предстал перед отцом настоящим паном — в дорогом костюме, с бриллиантовой булавкой и золотыми запонками. «Должен признать, что ты из оболтуса превратился в приличного человека», — сказал отец, обнимая меня. То было больше, чем комплимент. То было признание моего права на самостоятельность, признание моих способностей. До того в отцовских глазах я был «шлимазлом», полным неудачником. Говорят же, что если шлимазл займется изготовлением гробов, то люди перестанут умирать. Когда мы сидели за столом, то вдруг услышали выстрелы (небывалое дело для нашего городка), а следом топот лошадиных копыт и скрип колес. Мы выскочили на улицу, прошли в соседский двор и увидели страшную картину. Мать Пинхаса лежала у порога, а сам он немного дальше. Кровь вытекала из ран и растекалась широкой лужей. «Политика — неподходящее занятие для еврея, — сказал мне отец. — Путь в люди лежит через иешибот». То был намек, адресованный мне, бросившему в свое время учебу в иешиботе.

Я повторил, что хотел бы выступать. «Хорошо, — сказал Берия. — Если вы хотите выступать, то возвращайтесь в Брест и начинайте выступать». В его голосе я не уловил недовольства, только почувствовал, что мы еще встретимся. Читать его мысли у меня не было времени, потому что, сказав «возвращайтесь и начинайте выступать», Берия встал и ушел.

«Напрасно вы отказались, — сказал мне товарищ Кузнецов, когда мы приехали «домой». — Лаврентий Павлович предлагал вам блестящее будущее. Вы бы остались в Москве, стали бы сотрудником органов, получили бы звание, вышли бы на широкую дорогу. А теперь вам придется возвращаться в Брест». — «Он ничего мне не предлагал, — возразил я. — Он всего лишь сказал, что моим способностям можно найти лучшее применение. А против возвращения в Брест я ничего не имею. Мне вообще все равно, где жить, лишь бы в Советском Союзе». — «Советский Союз очень велик, и в нем совсем не все равно, где жить», — заметил товарищ Кузнецов. Он не понимал, что я имею в виду. Он подразумевал, что в разных городах различный уровень снабжения, различные условия жизни, а я думал только о том, что в Советском Союзе мне не надо опасаться за свою жизнь.

Выступает Вольф Мессинг

# Первые выступления
# в Советском Союзе

«Хорошее запоминается надолго, а плохое — навсегда», — говорила моя бабушка Рейзл, да будет благословенна ее память. Я предпочитаю забывать плохое или притворяться перед самим собой, что забыл его. Не все, конечно, можно забыть, но так, по крайней мере, реже вспоминаешь и меньше терзаешь душу. А вот хорошее лишний раз вспомнить приятно. Людей, которые приняли участие в моей судьбе, тех, кто чем-то мне помог, я вспоминаю часто. Можно сказать, что я помню о них всегда. Каждый день говорю им спасибо и мысленно шлю благословения.

Одним из хороших людей, встретившихся мне, был Петр Андреевич Абрасимов[1], работавший в Бресте заместителем председателя областного исполкома и заодно руководивший культурой, отделом искусств. Брест только-только перешел к Советскому Союзу, и специалистов не хватало.

Я догадался, почему Берия сказал мне «возвращайтесь в Брест». То была не ссылка, не выражение его неудовольствия. То было правильное решение. На землях, которые перешли от Польши к Советскому Союзу, разворачивалась большая культурно-просветительская работа. Я, как недавний житель Польши, пришелся там весьма кстати. Меня хорошо принимали, к тому же там я мог выступать без переводчика. Мне нужно было время для того, чтобы свыкнуться с советской жизнью, выучить русский язык, и я его получил.

---

[1] Петр Андреевич Абрасимов (1912—2009) — советский партийный и государственный деятель, дипломат. Доктор исторических наук. С октября 1939 года по июнь 1941 года работал заместителем председателя Брестского облисполкома.

Петр Андреевич получил насчет меня указание из Москвы, но указание касалось выдачи мне документов и моего трудоустройства. Однако этот добрый и чуткий человек этим не ограничился. Он взял меня под свою опеку, нашел мне ассистентку, которая одинаково хорошо владела и польским, и русским языками, дал мне множество разных и весьма ценных советов, разрешил обращаться к нему при любой необходимости... Если в Советском Союзе я чувствовал себя ребенком, знакомящимся с миром, то Петра Андреевича можно назвать моим отцом, моим вторым отцом. И все это он делал без каких-либо корыстных мыслей, делал из чистых, искренних, человеческих побуждений. Есть такие люди, которые помогают ближнему, если видят, что человек нуждается в помощи. Способствовало нашему сближению и то, что Петр Андреевич владел идишем, говорил с небольшим акцентом, но довольно бегло. В новой жизни было очень много нюансов, о которых я не имел понятия. Все непонятное я записывал в блокнот, с которым приходил к Петру Андреевичу и засыпал его вопросами. Ни одного моего вопроса этот добрый человек не оставил без ответа. А ведь он был очень занятым человеком, работал и днем и ночью, налаживая в Бресте новую жизнь.

В своих прежних воспоминаниях я хотел выразить Петру Андреевичу свою признательность, но все добрые слова в его адрес были вычеркнуты редактором. Осталась всего одна строчка. А я так надеялся, что смогу подарить Петру Андреевичу книгу, в которой будет тепло сказано о нем. Что ж, пользуясь случаем, выражаю свою признательность сейчас. «Potius sero, quam nunquam»[1], — было написано над входом в контору гурского ростовщика Хаима Лейзерзона. Это единственное выражение на латыни, которое я знаю. Лучше поздно, чем никогда. Многим евреям в Гуре не нравилось, что у Хаима над дверью красуется

---

[1] «Лучше поздно, чем никогда» *(лат.)*.

надпись на чужом языке, но ростовщик может позволить себе любую прихоть. «Лучше я дам отсрочку, чем прощу долг», — так переводил эту фразу Хаим.

В Польше я ездил на гастроли один, а в Советском Союзе мы выступали целой группой и у нас был один импресарио на всех. Наш импресарио, руководитель нашей группы Владимир Садовский, одновременно был лектором. Каждое выступление начиналось с его лекции. Он говорил о том, какая хорошая жизнь ждет новых граждан Советского Союза (напомню, что выступали мы на «новой», бывшей польской территории) и о международном положении. Затем выступал декламатор, который читал патриотические стихи, дальше шло несколько музыкальных номеров, а в самом конце, последним или предпоследним, выступал я. «У тебя интересный номер, поэтому тебя надо оставлять напоследок, — объяснил мне Владимир. — Чтобы народ не разбегался». Это было приятно слышать, но я бы предпочел работать первым. Не из-за честолюбия, а всего лишь потому, что в начале концерта зрители не переполнены впечатлениями, не возбуждены чрезмерно, и потому с ними легче работать. Хуже всего выступать после какого-нибудь громкого, бурного музыкального номера. А еще мне не нравилось, что я выступал «в паре» с иллюзионистом Яном Струлло. Я не хотел, чтобы меня тоже считали иллюзионистом. Мои опыты — не фокусы, а демонстрация моих способностей. «Тебе хорошо, — завидовал мне Ян, которого на самом деле звали Меером, он был люблинским евреем. — Для твоих фокусов не нужен реквизит». Сам Ян-Меер очень жалел свое добро, оставшееся в Польше, у него был какой-то необыкновенно дорогой и сложный реквизит. Я утешал его словами моей бабушки Рейзл: «Оставь все, что имеешь, казакам, лишь бы в живых остаться». Меня Ян-Меер, несмотря на все мои разъяснения, продолжал считать фокусником. «Раз непонятно, значит, фокус», — такая вот была у него логика.

Приятно удивляло отношение к артистам в Советском Союзе. Куда бы мы ни приезжали, нас непременно принимали руководители — секретарь райкома или председатель исполкома. В честь нашего приезда устраивался банкет, кое-где нас встречали с оркестром, как каких-нибудь почетных гостей. Я вспоминал свою прежнюю жизнь, вспоминал Лею, ее упрямого отца и с горечью думал о том, что, живи Лея здесь, ее отец вряд ли бы стал препятствовать нашему счастью. Тогда мне было горько. Мне казалось, что в моей жизни больше никогда не будет любви, казалось, будто я обречен на одиночество. Когда я уходил из родительского дома в Гуре, отец сказал мне вслед: «Ты сам выбрал свою судьбу, решив стать одиноким, никому не нужным бродягой!» Эти слова прозвучали как проклятие. До встречи с Аидой оставалось пять лет. Осенью 1939 года я еще не предчувствовал этой встречи. Предчувствие пришло ко мне позже, уже во время войны, а тогда я привыкал к своему одиночеству, полному одиночеству, и пытался искать утешение в том, что у меня было, — в моей работе. Поскольку ездили мы по Западной Белоруссии и Западной Украине, среди зрителей нередко попадались люди, уже бывавшие на моих выступлениях. Некоторых я даже узнавал. У меня хорошая память, в том числе и на лица. Если человек мне запомнился, то это навсегда. Среди зрителей было много евреев. Почти у каждого там, за границей, остались родные или друзья. После выступления люди подходили ко мне и спрашивали об их судьбах. Что я мог ответить? Иногда я видел тех, о ком меня спрашивали. Это случалось не очень часто. Но вне зависимости от того, видел я или не видел и что я видел, я всем отвечал одно и то же: «Им тяжело, но они живы. Надейтесь!» Сам тоже надеялся, надеялся изо всех сил. Надеялся, но в одно утро проснулся с сознанием того, что моего отца уже нет в живых. Как будто ночью, во время сна, я пытался установить с ним контакт, но не нашел его. Я не могу объяснить природу этого знания, как вообще не могу объяснить природу моих способностей, но в том, что знание было верным, сомнений у меня не возникало. Такое впечатление, будто связывающую нас невидимую нить взяли и обрубили топором. То была моя первая невосполнимая потеря, следом пошли другие. Но я все равно приказывал себе: «Надейся, Велвеле! Ты не Бог, ты — человек, а человек может ошибаться». Я до сих пор надеюсь, стоя на пороге смерти, надеюсь на чудо.

Хочу сделать небольшое отступление и рассказать о случае, произошедшем три года назад. Мне позвонила незнакомая женщина. Обычно я редко подхожу к телефону. Только если чувствую, что надо подойти, или жду важного звонка. Мне очень часто звонят незнакомые люди и говорят разные глупости. Один из знакомых рассказывал мне, как на вокзале в Ленинграде ему предлагали за пять рублей купить номер телефона Вольфа Мессинга. Это, наверное, вершина славы, когда твой номер телефона продают за пять рублей! По названной цене могу предположить, что занимаются этим любители «сообразить на троих»[1]. Итак, мне позвонила незнакомая женщина, судя по голосу — молодая. Она назвалась Двойрой и сказала, что приехала в Москву из Нью-Йорка и хочет меня видеть по очень важному делу. Говорила она на идиш, но в ее речи встречались английские слова. Я спросил, не журналистка ли она. Иностранным журналистам я даю интервью очень редко и только по рекомендации. Кто-нибудь из знакомых должен поручиться, что журналист не извратит моих слов и не припишет мне того, чего я на самом деле не говорил. Всем известны случаи, когда после неосторожных интервью недобросовестным западным журналистам у людей начинались большие проблемы. Двойра ответила, что она не журналистка и что

---

[1] На пять рублей в то время (70-е годы XX века) можно было купить бутылку водки, буханку хлеба, около 300 граммов недорогой колбасы или две банки рыбных консервов вроде «Кильки в томате».

у нее ко мне личное дело, она хочет передать весточку о моих родных. Я был заинтригован. Мы договорились о встрече. Не у меня дома, домой я вообще избегаю приглашать гостей, разве что только самые близкие люди бывают у меня. С Двойрой мы встретились в ресторане «Арагви». Она не успела еще и рта открыть, как мне все стало ясно, но я тем не менее предоставил ей возможность высказаться. Глядя мне в глаза и нисколько не смущаясь, Двойра поведала мне, что она моя троюродная племянница, дочь двоюродного брата моего отца Эфраима Мессинга. «Моему отцу удалось бежать из концлагеря в Хелмно[1], добраться до Свинемюнде[2] и спрятаться в трюме корабля, отплывавшего в Швецию...» — говорила она, напряженно думая о том, поверю ли я в ее ложь. Когда она довела рассказ до конца, я спросил, не стыдно ли ей за свой поступок. Я даже сказал, откуда она узнала про Эфраима Мессинга. Ей рассказал об этом один из моих земляков, Абрам, сын ювелира Арона Штейншлайфера. Это он убежал из Хелмно и через Швецию добрался до Америки. «На что вы надеялись, когда собирались обмануть Вольфа Мессинга?» — спросил я. «На наследство!» — выкрикнула Двойра. Она вскочила так резко, что опрокинула стул, и ушла. Абрам Штейншлайфер оказался единственным человеком, о спасении которого от нацистов мне стало доподлинно известно, пусть и при таких печальных обстоятельствах. Одним из тысяч! Судьбы всех остальных покрыты мраком, но тем не менее я не перестаю верить в чудо.

Приятных открытий в Советском Союзе было много. Отношения между людьми здесь казались мне сердечнее. Здесь отсутствовали сословные различия, антисемитизм был выражен не так сильно, как в Польше. В Польше мне казалось, что

---

[1] Хелмно (немецкое название Kulmhof — 1945 год) — первый нацистский лагерь смерти, предназначенный для уничтожения евреев и цыган, созданный в оккупированной Польше в 1941 году. Располагался в 70 км от города Лодзь.

[2] Свинемюнде — ныне Свиноуйсьце, портовый город в Польше.

в стране, где достигли высших постов Каганович[1] и Литвинов[2], антисемитизма не должно быть совсем. Однако он был, но далеко не в той степени, как в Польше, и его нельзя было сравнивать с тем, что творили нацисты. Сталкиваясь с проявлениями антисемитизма, я говорил себе, что это пережитки прошлого, и какое-то время это меня успокаивало. Но, как оказалось впоследствии, некоторые пережитки весьма живучи, если не вечны, и при известных обстоятельствах могут из пережитков превратиться в нечто большее.

Советский Союз не был землей, текущей молоком и медом[3], но мне здесь нравилось. Я делал все возможное для того, чтобы поскорее врасти в эту новую жизнь, освоиться на моей новой родине. За три месяца я успел выучить русский язык настолько, что мог вступать перед русской публикой. То, что время от времени я вставлял в речь польские слова, не мешало моим выступлениям. Я же был Мессинг, иностранец, и мог выражаться «по-иностранному». Довольно скоро от выступлений в составе группы я перешел к самостоятельным выступлениям. Большой проблемой был поиск ассистенток. Я привык выступать в паре с женщинами. Не из-за каких-то романтических, а из-за чисто практических соображений. Пара «мужчина — женщина» на сцене смотрится гармоничнее, нежели двое мужчин. Красивая женщина производит приятное впечатление на публику. Хоть я и не фокусник, но производимым впечатлением пренебрегать нельзя. Женщины

---

[1] Лазарь Моисеевич Каганович (1893—1991) — советский государственный и партийный деятель, близкий сподвижник Сталина. Занимал ряд высоких постов, был секретарем ЦК ВКП (б), членом Политбюро (Президиума) ЦК КПСС, Первым секретарем ЦК КП (б) Украины, Народным комиссаром путей сообщения СССР. Участник антипартийной группы «Молотова — Маленкова — Кагановича».

[2] Максим Максимович Литвинов (настоящее имя — Меер-Генох Моисеевич Валлах; 1876—1951) — революционер, советский дипломат и государственный деятель. Народный комиссар иностранных дел СССР в 1930—1939 годах. В 1941—1943 годах посол СССР в США.

[3] «Земля, текущая молоком и медом» — ветхозаветное название Земли обетованной.

более внимательны и аккуратны, нежели мужчины, у женщин лучше получается руководить зрителями... Мне никак не удавалось найти ассистентку, которая бы устраивала меня по всем статьям. У каждой был какой-то недостаток, мешавший работе. Одна вечно опаздывала, чего я, как человек исключительной пунктуальности (мои знакомые проверяют по мне часы), не мог выносить. У другой был вздорный характер, после каждого выступления она устраивала истерику: то я ее чем-то обидел, то кто-то из зрителей. Пока истерики устраивались после выступления, я с этим мирился, потому что в остальном она меня устраивала, да и некем было ее заменить. Но как только она начала скандалить и перед выступлением, мне пришлось с ней расстаться. На каждое выступление мне приходится подолгу настраиваться, сосредотачиваться. Вывести меня из себя перед выступлением означает сорвать его. Третья ассистентка, проездив со мной два месяца и едва-едва освоившись, вышла замуж. Четвертая вообще оказалась аферисткой и однажды сбежала с выручкой от выступления. Выручка была довольно большой, но я не стал заявлять в милицию. Понимал, что, если ее посадят в тюрьму, меня будет мучить совесть, хотя на самом деле моей совести незачем было тревожиться — не я подбивал девицу на воровство. Но такой уж у меня характер. Недаром мой импресарио Леон в шутку называл меня «ламедвовником»[1], когда я прощал обманувшего меня или сам отказывался кого-то обманывать. Отказываться приходилось чаще. К Леону то и дело обращались разные плуты. Леон и сам был плут из плутов, поэтому плуты липли к нему, как мухи к меду. Одному хотелось, чтобы я внушил его отцу составить завещание в его пользу, другой надеялся с моей помощью очаровать богатую

---

[1] Ламедвовник (от *ивр.* «ламед-вав цадиким» — «тридцать шесть праведников») — один из тридцати шести еврейских тайных праведников, присутствующих на Земле. Их присутствие оправдывает перед Богом существование мира. Считается, что, если ламедвовников станет хотя бы на одного меньше, грехи остального человечества перевесят и приведут мир к гибели.

невесту, третий хотел узнать, какая лошадь на завтрашних скачках придет первой. Я всем отказывал, а Леон расстраивался. Он не мог смириться с потерей денег.

Было время, когда я вздохнул спокойно. Мне показалось, что десятая или двенадцатая по счету ассистентка, женщина невероятной красоты по имени Серафима, и есть то сокровище, которое мне нужно. Но рано я радовался, сокровище оказалось алкоголичкой. Проработав со мной около полутора месяцев, она неожиданно запила. Разумеется, я сразу же расстался с ней и начал подыскивать себе другую ассистентку. Серафима посчитала себя несправедливо обиженной и начала распускать обо мне гадкие слухи, один невероятнее другого. Думаю, что половина тех гадостей, что обо мне рассказывают, выдумана ею. Вообще мои ассистентки навыдумывали обо мне уйму невероятных историй. Большинство поступало так из самых лучших побуждений. Им казалось, что, распространяя обо мне небылицы, они тем самым поднимают мой авторитет. Как будто авторитет можно поднять небылицами! Небылицами его можно только уничтожить. Слухи живучи, слухи мгновенно распространяются и бумерангом возвращаются ко мне. Я объясняю, что ничего такого на самом деле не было, но люди мне не верят. Считают, что я скромничаю или вынужден отрицать, потому что дал подписку хранить тайну. А иногда правда, которую, казалось бы, никто, кроме узкого круга лиц, знать не может, уходит в народ в совершенно непохожем на себя виде. Когда я слышу вопрос: «А правда ли, что вы заставили кассира выдать вам сто тысяч по трамвайному билету?» — то всегда вспоминаю задание Берии получить конверт в фельдъегерской. Я никогда больше не получал ничего путем внушения, тем более ста тысяч рублей. Но все «знают», что такой случай был и что сделал я это чуть ли не по заданию самого Сталина, который хотел таким образом проверить мои способности. Иногда мне кажется, что где-то рядом со мной живет еще один Вольф Мессинг, мой двойник, который совершает все те безумные поступки, что приписывает мне молва. Один мой приятель собирает анекдоты. Он говорит, что для меня ему пришлось завести отдельный блокнот, так много обо мне всего рассказывают. Я знаю, что он шутит, но рассказывают обо мне и в самом деле много. Девяносто процентов этих рассказов — неправда или «легенды», как деликатно выражалась моя покойная жена Аида.

Часто и подолгу мне приходилось работать в одиночку. Это существенно обедняло мои выступления. Дошло до того, что однажды в компании я сказал, что если я все-таки встречу ассистентку, которая будет полностью меня устраивать, то женюсь на ней. Сказал в шутку, но эта шутка оказалась правдой. Я встретил мою идеальную ассистентку Аиду Рапопорт и женился на ней. Но это случилось в 1944 году, почти через пять лет после моего прибытия в Советский Союз. Сейчас я думаю, что Всевышний недаром посылал мне одну плохую ассистентку за другой. Таким образом он готовил меня к встрече с Аидой, чтобы я в полной мере осознал свое счастье, понял бы, какое сокровище мне досталось. Как верно утверждает русская пословица, «Не вкусив горького, не узнаешь и сладкого».

Если сравнивать все — и доходы, и расходы, то мои выступления в Советском Союзе приносили мне больше денег, потому что расходы были здесь гораздо меньше. В Советском Союзе дешевле стоили билеты и гостиницы, здесь проще было договориться о выступлении, не требовалось никому платить комиссионные, здесь не надо было давать взятки в полиции. В Польше, например, повсюду, куда бы я ни приехал выступать, Леон первым делом шел в полицию, чтобы нам ни в чем не чинили препятствий — ни в расклейке афиш, ни в выступлениях. И это при том, что я был известным человеком и полицейские чины часто обращались ко мне за помощью, когда не могли сами раскрыть запутанное преступление. Но если не дать денег, начинались придирки. Леон говорил: «Чтобы не скрипело, надо смазать», — и смазывал.

В Советском Союзе не разрешали выступать шарлатанам, выдававшим себя за ясновидящих, предсказателей и т. п. Эта публика не могла составить мне серьезной конкуренции, потому что я обладаю особым даром, а шарлатаны могут только обманывать доверчивых людей. Но если до меня в городе побывало двадцать шарлатанов, то это не могло не сказаться на выступлениях. «Этот Вольф Мессинг, наверное, такой же, как и все остальные», — думали многие люди и не приходили посмотреть на меня. В Советском Союзе шарлатаны не подрывали мой авторитет. Здесь я был и, как мне кажется, остаюсь и по нынешний день единственным в своем роде, уникумом.

Когда мне что-то не нравилось — отсутствие мест в гостинице, хамство тех, кто по долгу службы обязан был быть любезным, нехватка чего-то, — я всегда говорил себе: «Велвеле, плохая заплата лучше красивой дыры».

Я постоянно переезжал с места на место, давал одно выступление за другим, у меня не было нормальной квартиры, в свое время появилась комната в Москве, но она была необжитой, потому что я там почти не бывал и не считал ее своим домом. Когда человек одинок, дом его там, где он находится. К бродячей жизни я привык, такая жизнь совершенно меня не тяготила. Своя квартира, свой дом в полном смысле этого слова появился у меня, точнее, у нас с Аидой только после войны.

Я чувствовал приближение войны, я знал, что она скоро начнется, и это знание омрачало мою радость от жизни в Советском Союзе.

# Абакумов

**В** Вильно я приехал осенью 1940 года. Не столько ради выступлений, сколько ради того, чтобы постараться навести справки о своих родных. Литваки[1] считались самыми хитрыми и деловитыми евреями в Польше. Если в Европе считалось, что все дороги ведут в Рим, то в Польше говорили: «Все дорожки приводят в Вильно». А еще говорили: «Где выгода, там и литвак». К моему огромному сожалению, мне ничего не удалось узнать. Из немецкой Польши вестей не приходило, все связи были прерваны. Те же, кому посчастливилось бежать через границу, рассказывали неутешительное.

В субботу я пошел в синагогу. Я не отношу себя к глубоко религиозным людям, но я верю в Бога. Человек с моими способностями, как мне кажется, материалистом быть не может. Понимая, что я нахожусь в стране, в которой атеизм стал государственной политикой, я с самого начала своего пребывания в Советском Союзе не афишировал своих религиозных взглядов. Если что-то и проявлялось на людях, то не как религиозность, а как соблюдение еврейских традиций. Моя религиозность не создавала мне проблем в Советском Союзе. Когда Алексей Иванович Аджубей[2], который очень хорошо ко мне относился, спро-

---

[1] Литвак — еврей, живущий в Литве. Также литваками называют всех миснагдим (последователей Виленского Гаона, приверженцев одного из течений ортодоксального иудаизма, противников хасидизма) вне зависимости от их места жительства и происхождения.

[2] Аджубей Алексей Иванович (1924—1993) — советский журналист, публицист, главный редактор газет «Комсомольская правда» в 1957—1959 годах и «Известия» в 1959—1964 годах. Был женат на дочери Никиты Сергеевича Хрущева Раде Никитичне.

сил меня, не хочу ли я вступить в партию, я ответил вопросом на вопрос: а разве верующий человек может быть членом партии? Аджубей улыбнулся и сказал, что неверующих людей в природе не существует. Но к вопросу о моем вступлении в партию больше никогда не возвращался. Аджубей был первым и единственным человеком, который предложил мне стать членом партии. Хотя я знаю, что многим польским евреям в Советском Союзе предлагали это вскоре после их прибытия. Наверное, мои способности несовместимы с материализмом. Коммунист ведь обязан быть материалистом. И пусть перед каждым выступлением Валентина Иосифовна объясняет зрителям, что в моих способностях нет ничего сверхъестественного[1], сам я считаю несколько иначе. Возможно, слово «сверхъестественные» не очень-то подходит к моим способностям, лучше сказать «необъяснимые». Но всякий раз, когда я слышу, что мои опыты полностью объясняются материалистической наукой, я внутренне улыбаюсь,

---

[1] В СССР в рамках борьбы с «мистикой» и «идеализмом» выступления гипнотизеров, иллюзионистов и телепатов обычно сопровождались объяснением, что на самом деле все демонстрируемые «чудеса» имеют сугубо материальную природу. В 1950 году, с учетом огромной популярности Вольфа Мессинга, текст, предваряющий его выступления, был подготовлен Институтом философии Академии наук СССР. В частности, в этом объяснении говорилось: «На первый взгляд, умение Мессинга улавливать мысленные приказания других людей может показаться какой-то таинственной, сверхъестественной способностью. Однако в действительности ничего сверхъестественного Мессинг не делает. Его опыты полностью объясняются материалистической наукой. Для того чтобы у присутствующих была полная ясность в отношении опытов Мессинга, кратко расскажем, почему ему удается выполнять сложнейшие задания зрителей. Органом мысли является мозг. Когда человек о чем-либо думает, его мозговые клеточки мгновенно передают импульс по всему организму. Например, если человек думает о том, что он берет в руку какой-либо предмет, представление об этом действии сразу же изменяет напряжение мышц руки. Таким образом, совершенно неправильно было бы думать, что опыты Мессинга доказывают возможность передачи мысли из одного мозга в другой. Мысль неотделима от мозга. Если Мессинг отгадывает ее, то только потому, что мысль влияет на состояние органов движений и всего тела, и потому, что сам Мессинг обладает способностью непосредственно ощущать это состояние... Наблюдая опыты Мессинга, мы еще раз убеждаемся в том, что нет такого явления, которое не находило бы исчерпывающего научного объяснения с позиции диалектико-материалистической теории».

**109**

потому что никто из ученых мне до сих пор толком ничего не объяснил. И сам я не могу объяснить, как именно я это делаю. Просто делаю — и все.

Итак, в первую субботу своего пребывания в Вильно я отправился в синагогу. На выходе из нее ко мне подошли двое человек — помоложе и постарше. Сотрудники НКВД угадывались в них с первого взгляда, даже не надо было смотреть документы. Документов они мне, впрочем, и не показывали. Поздоровались, сказали, что со мной хочет встретиться «один товарищ», и пригласили сесть в машину. Настроены они ко мне были по-хорошему, но вот фамилия «одного товарища», которую я прочел мысленно, ничего мне не говорила. Какой-то Абакумов. Капитан? Капитан госбезопасности — это значит полковник. У молодого мелькнула мысль о Ростове[1]. «При чем тут Ростов?» — удивился я. На тот момент я никогда не был в Ростове и не имел там знакомых. Пока мы ехали, я вспомнил, что одна из моих ассистенток одно время жила в Ростове. Но какая связь между нею и полковником Абакумовым?

Меня привезли в незнакомое мне место неподалеку от синагоги. На вид то был обычный жилой дом, без какой-либо вывески, но с охраной у входа. Вильно недавно стал советским, и вывески еще не успели повсюду развесить. Молодой сопровождающий остался в машине (он сидел за рулем), а тот, что постарше, отвел меня в кабинет к Абакумову. Абакумов мне сразу же не понравился. Он держался очень надменно, говорил грубым повелительным тоном и, что самое главное, был настроен ко мне заведомо плохо из-за моей национальности. Отпустив кивком моего сопровождающего, Абакумов начал с деловитым видом перекладывать какие-то папки на своем столе, а затем раскрыл одну и углубился в чтение. При помощи этого старого как мир

---

[1] В 1940 году Виктор Абакумов занимал должность начальника Управления НКВД по Ростовской области.

трюка Абакумов хотел продемонстрировать мне свою занятость, а также разницу в нашем положении. Уже только по этому поступку можно было бы сделать вывод о том, что Абакумов неумен. Если уж ты посылаешь за мной машину, то, значит, я тебе нужен, а раз так, то нечего выдерживать меня у порога. Уловка Абакумова была глупой еще и потому, что он забыл, с кем имеет дело. Пока он изображал занятость делами, я успел как следует ознакомиться с его мыслями, узнал его характер и его намерения в отношении меня, узнал, что Абакумов ждет в ближайшем будущем повышения. Берия обещал ему должность заместителя наркома внутренних дел. В Вильно Абакумов приехал не для того, чтобы увидеться со мной, а по каким-то служебным делам (большая часть его мыслей, касающихся работы, так и осталась для меня непонятной). Но узнав, что я тоже нахожусь в Вильно, он решил не упускать такой удобной возможности.

К тому моменту, когда Абакумов обратил на меня внимание и указал рукой на стул, я уже составил план нашей с ним беседы и успел продумать ответы на его основные вопросы.

— Вольф Мессинг — это ваше настоящее имя? — спросил Абакумов.

— Не совсем, — ответил я, сильно удивив его таким ответом. — Мое настоящее имя Вевл, но в документах для удобства я записан как Вольф.

— С какой целью вы находитесь в Вильно? — был следующий вопрос.

Я ответил, что приехал на гастрольные выступления. Абакумов задал следующий вопрос... Он расспрашивал меня о самых обычных вещах, которые были ему заведомо известны, поскольку он хорошо подготовился к нашей встрече. Наша беседа больше походила на допрос. Вопросы задавались резким, суровым голосом. Выслушав ответ, Абакумов медлил две-три секунды, глядя при этом мне в глаза. Глядеть в глаза пристально, не моргая — еще один пошлый прием, рассчитанный на людей с неустойчивой психикой. Если умеешь читать мысли, то можешь прочесть без подобной театральщины. А если не умеешь, то сколько в глаза человеку ни гляди, ничего в них не прочтешь. Чувствовалось, что Абакумов кому-то подражает, только я не мог уловить, кому именно. Позже, встретившись со Сталиным, я догадался. Но проницательный взгляд Сталина, взгляд умного человека с огромным жизненным опытом, не шел ни в какое сравнение с неуклюжим подражанием Абакумова.

Абакумов закурил, не предложив мне сделать то же самое, — еще одно унижение. Я достал папиросы и закурил. Абакумов неприязненно покосился на меня, но ничего не сказал. Курил он картинно, красиво, так, как курят на сцене и в кино. Перед тем как задать очередной вопрос, откладывал папиросу в пепельницу, стоявшую у него под рукой. Мне к пепельнице приходилось тянуться через весь стол. «Я обедал за одним столом с твоим начальником, наркомом Берией, — неприязненно подумал я, — а ты так со мной обращаешься, будто я шпион или преступник!» В минуты нервного напряжения можно непроизвольно передать собеседнику свою мысль. Мне трудно объяснить, как это происходит. Примерно так, как человек, забывшись, случайно произносит вслух свои мысли. Я «забываюсь» и внушаю свою мысль собеседнику. Моя мысль о том, что я обедал с Берией, дошла до Абакумова. Ему было известно о том, что Берия встречался со мной, но подробностей он не знал. Случайно внушенная мною мысль превратилась в его восприятии в опасение. «Он встречался с Берией, — подумал Абакумов. — Кто знает, какие между ними отношения, может, они вместе за одним столом сидели. Берия любит застолья так же, как и Сталин». Мысль — не строка в письме. Мысль — это образ. Внушенный мною образ Абакумов воспринял так, как и положено недалекому карьеристу. Он вдруг резко изменил поведение — стал разговаривать обычным голосом, уже не вглядывался мне в глаза, передвинул пепельницу так, чтобы она стояла на равном расстоянии от нас.

— Я наслышан о ваших необыкновенных способностях, Вольф Григорьевич, — сказал Абакумов. — Очень бы хотелось увидеть, как вы это делаете.

Я должен признать, что у Абакумова были неплохие актерские способности. Только что передо мной сидел строгий офицер НКВД, а сейчас он вдруг превратился в дружелюбного собеседника, на котором военная форма выглядела штатским костюмом. Абакумов расстегнул воротничок, откинулся на спинку стула, начал барабанить пальцами по столу. Я ненавижу, когда барабанят пальцами, эта дурная привычка очень сильно меня раздражает, но Абакумов не мог об этом знать. Когда Абакумов «подобрел», он немного расслабился внутренне, и мысли его тоже «расслабились», стали плавными, спокойными. Благодаря этому я получил возможность узнать Абакумова получше и составил окончательное мнение о нем.

Мое мнение было полностью отрицательным. Хотелось вскочить и убежать. Передо мной сидел властный, жестокий, неумный и очень амбициозный человек — ужасное сочетание качеств. Его карьера шла в гору, я видел, как он поднимается все выше и выше, но и то, как оборвется карьера Абакумова, я тоже увидел. Но до его падения было очень и очень далеко, а сейчас приходилось с ним ладить. Я чувствовал, что с Абакумовым нельзя портить отношения. Этот человек был способен на все. Он еще не достиг поста, делавшего его всесильным, но и сейчас смог бы доставить мне множество неприятностей: обвинить в шпионаже, чтобы затем расстрелять или организовать мое убийство под видом несчастного случая, так, например, как было организовано убийство Михоэлса[1]. Даже пользуясь расположением

---

[1] Соломон Михайлович Михоэлс (настоящая фамилия — Вовси; 1890–1948) — советский театральный актер и режиссер, педагог, общественный и политический деятель. Народный артист СССР (1939). Лауреат Сталинской премии

Сталина, я продолжал опасаться Абакумова и старался поддерживать с ним видимость хороших отношений точно так же, как поддерживал эту видимость с фон Хелльдорфом. Я не случайно сравниваю Абакумова с фон Хелльдорфом. У них было много общего, разве что кроме происхождения[1]. Как и фон Хелльдорф, Абакумов при желании мог становиться обаятельным. Но это был очень жестокий и очень опасный человек. Я бы предпочел никогда с ним не встречаться. Но коль судьба нас свела, мне приходилось держаться настороже.

Раз уж зашла речь о Михоэлсе, скажу несколько слов об этом замечательном и безгранично уважаемом мною человеке. Мы не дружили, но хорошо знали друг друга и с удовольствием общались. Михоэлс был очень интересным и очень талантливым человеком. Я не раз выступал у него на Малой Бронной[2]. В 1947 году мы встретились в Вильно (так совпало, что оба приехали туда на гастроли). За ужином в ресторане я признался

---

второй степени (1946). В январе 1948 года по устному распоряжению Виктора Абакумова был убит вместе с театроведом В.И. Голубовым сотрудниками МГБ под руководством заместителя министра госбезопасности СССР генерал-лейтенанта С.И. Огольцова и министра госбезопасности Белорусской ССР генерал-лейтенанта Л.Ф. Цанавы. Убийство было замаскировано под дорожно-транспортное происшествие. Согласно показаниям Абакумова во время следствия, убийство Михоэлса якобы произошло по прямому личному указанию Сталина, но никаких доказательств этого Абакумов предоставить не смог. Светлана Аллилуева-Сталина писала в своих воспоминаниях «Только один год»: «В одну из, тогда уже редких, встреч с отцом у него на даче я вошла в комнату, когда он говорил с кем-то по телефону. Я ждала. Ему что-то докладывали, а он слушал. Потом, как резюме, он сказал: «Ну, автомобильная катастрофа». Я отлично помню эту интонацию — это был не вопрос, а утверждение, ответ. Он не спрашивал, а предлагал это: автомобильную катастрофу. Окончив разговор, он поздоровался со мной и через некоторое время сказал: «В автомобильной катастрофе разбился Михоэлс».

[1] Виктор Абакумов происходил из рабочей семьи. Его отец был грузчиком, а мать швеей.

[2] На Малой Бронной с 1922 по 1949 год находился Московский государственный еврейский театр, художественным руководителем которого был Соломон Михоэлс. В конце 1949 года театр был закрыт, как гласила официальная версия, «по причине непосещаемости». Ныне в этом здании располагается Московский драматический театр на Малой Бронной.

Михоэлсу, что в отношении его у меня имеются очень плохие предчувствия. Я видел, как его бросают под колеса грузовика люди в форме с офицерскими погонами[1]. «Они не посмеют!» — отмахнулся Михоэлс. Я подумал, что и не такие люди попадали между жерновами, но спорить не стал. Я сказал то, что считал нужным сказать, меня услышали, этого достаточно. У Михоэлса был один выход — бегство за границу, но он им не воспользовался. Он часто бывал в Одессе, любил этот город, и его там очень любили. При желании он мог бы попытаться бежать из Советского Союза по морю, я знаю, что такую возможность ему могли бы устроить. Михоэлс был очень смелым человеком. Только он мог сказать с трибуны, что товарищ Громыко указал евреям путь в Землю Израиля[2], что было расценено всеми (и евреями, и неевреями) как открытый призыв к эмиграции. И то была не самая дерзкая его выходка. Авторитет Михоэлса был велик, недаром же его называли «Главным евреем Советского Союза» (эту шутку, в которой было больше правды, чем шутки, придумала актриса Раневская). Уповая на свой авторитет, Михоэлс позволял себе невиданную роскошь — говорить то, что он думал. Редко кто может позволить себе такую роскошь. Для этого надо быть или слабоумным, или всесильным. Михоэлс не был ни тем, ни другим.

---

[1] В секретной записке Л.П. Берии в Президиум ЦК КПСС «О привлечении к уголовной ответственности лиц, виновных в убийстве С.М. Михоэлса и В.И. Голубова» приводится выдержка из показаний арестованного Цанавы: «Примерно в 10 часов вечера Михоэлса и Голубова завезли во двор дачи. Они немедленно с машины были сняты и раздавлены грузовой автомашиной. Примерно в 12 часов ночи, когда по городу Минску движение публики сокращается, трупы Михоэлса и Голубова были погружены на грузовую машину, отвезены и брошены на одной из глухих улиц города. Утром они были обнаружены рабочими, которые об этом сообщили в милицию».

[2] В своем выступлении на пленарном заседании Второй сессии Генеральной Ассамблеи ООН 29 ноября 1947 года постоянный представитель СССР при ООН А.А. Громыко с учетом противоречий между арабами и евреями предложил создать в Палестине два государства — арабское и еврейское.

Я немного отвлекся от Абакумова, но это не страшно, как не страшно и то, что мой рассказ немного сбивчив. Я уже много успел написать, несколько глав, и у меня накопился кое-какой опыт. Теперь я знаю, что, как только человек пришел на ум, о нем тут же надо упомянуть. Откладывать не стоит — как пришел, так и уйдет, да и не каждому можно посвятить целую главу, пусть даже это и очень достойный человек. Что я могу еще написать о Михоэлсе? Мы встречались, дружески беседовали, он рассказывал очень смешные анекдоты, я выступал на сцене его театра — все это мне очень приятно вспоминать, но рассказывать тут нечего.

Итак, Абакумов сказал, что ему хотелось бы увидеть, как я работаю. Я спросил, что именно ему бы хотелось увидеть. «Внушение, — не раздумывая, ответил Абакумов. — Сейчас я приглашу сотрудника, а вы попытайтесь внушить ему что-то невероятное. Пусть он споет... Нет, пусть лучше спляшет... Нет, внушите сотруднику, чтобы он пригласил меня танцевать. Сможете?» «Смогу», — ответил я. Абакумов вызвал пожилого бритоголового офицера и стал задавать ему какие-то вопросы по работе. Я сделал то, что хотел Абакумов. Когда офицер подошел к нему ближе, церемонно поклонился и сказал: «Разрешите пригласить вас на вальс», — Абакумов немного растерялся. Он не ожидал, что я выполню задание так легко. Когда офицер повторил приглашение, я по собственному почину внушил ему, что он должен все забыть. Теперь растерянным выглядел офицер. Он никак не мог понять, каким образом оказался рядом с Абакумовым, ведь раньше он стоял примерно посреди кабинета. «Ступайте!» — приказал ему Абакумов. Когда офицер вышел, мне был задан традиционный вопрос: как я это сделал? Мои объяснения Абакумова не удовлетворили. Он ожидал получить от меня нечто вроде инструкции. Во избежание неприятностей, которых я был вправе ожидать от такого человека, как Абакумов, я внушил ему, что мне можно доверять, что я говорю правду. На самом деле так оно и было, я сказал правду, но с Абакумовым ни одна предосторожность не была лишней. За первым заданием последовали другие. Я рассказал о содержании письма в запечатанном конверте, нашел газету, которую Абакумов спрятал весьма оригинально — за пазуху одному из часовых, а последним заданием было угадать, о чем думает Абакумов. Здесь я тоже проявил осторожность. Абакумов был открыт для меня, я читал его мысли как развернутый свиток, но я не стал признаваться в этом. Напротив, напрягся, изобразил сосредоточенность, выждал минуту-другую и сказал, что мне трудно читать его мысли, но я сумел уловить, что он думал о сегодняшнем ужине с какой-то красивой женщиной. На самом же деле Абакумов думал совершенно о другом. Несмотря на то что я «провалил» задание, на лице его отразилась радость. Ему польстила моя «ошибка». Абакумов предложил мне попробовать прочесть мысли других людей. Он вызвал сразу троих сотрудников, каждый из них записал то, о чем собирался думать, на бумаге, и я все угадал правильно. Когда сотрудники ушли, Абакумов спросил, какую часть составляют люди, чьи мысли мне недоступны. Я ответил, что примерно один человек из ста. Это тоже польстило Абакумову. Ему нравилось ощущать себя не таким, как все.

Наша встреча затянулась надолго. После заданий Абакумов снова начал задавать вопросы, но теперь они касались не моей биографии, а моих способностей и их применения на практике. Вторая жена Абакумова была дочерью гипнотизера Орнальдо[1], который много выступал в двадцатые годы. Возможно, это она разбудила в Абакумове интерес к гипнозу и телепатии.

---

[1] Смирнова Антонина Николаевна (1920—1954), гражданская жена Виктора Абакумова. Ее отец, Николай Андреевич Смирнов, был гипнотизером, выступал под псевдонимом Орнальдо. По мнению некоторых литературоведов, именно сеансы Орнальдо побудили Михаила Булгакова ввести в роман «Мастер и Маргарита» сцену выступления Воланда с «разоблачением магии» в московском варьете. Также Н.А. Смирнов занимался лечебным гипнозом, в частности, усыплял больных, подлежащих операции, чтобы те не чувствовали никакой боли.

Интерес этот был огромным, причем то был сугубо практический интерес. Теорией Абакумов не интересовался, да и не мог интересоваться, поскольку он был довольно ограниченным человеком. Его интересовало одно — как при помощи гипноза и чтения мыслей упрочить свое положение, сделать карьеру. Абакумов стал министром государственной безопасности в 38 лет и считал, что это не предел. В своих мечтах он видел себя на месте Сталина. Не исключаю, что он не только видел, но и делился с кем-то своими мыслями. Иначе чем объяснить резкое изменение отношения Сталина к Абакумову? Сталин по рекомендации Берии вознес Абакумова на самый верх, и Сталин же сбросил его вниз. Антисемита Абакумова, который не был евреем, а был одним из главных организаторов антисемитской кампании, обвинили в руководстве сионистским заговором и расстреляли.

«Вы, как советский человек, не откажетесь помочь органам, если потребуется», — сказал Абакумов в завершение нашей беседы. Что я мог на это ответить? Помогать Абакумову мне совсем не хотелось, но такая постановка вопроса исключала возможность отказа. Или помогай, или ты не советский человек со всеми вытекающими отсюда последствиями. Мои способности — это не счастье, как думают некоторые, а тяжелая ноша. Тяжелая и очень ответственная. Я ответил, что, как советский человек, всегда готов оказать органам посильную помощь. Какой-либо иной ответ неминуемо привел бы к моей гибели. Я подумал, что мне придется подписывать какие-то письменные обязательства. Я прожил в Советском Союзе уже год, за это время успел избавиться от некоторых иллюзий и кое-что узнать. Так, например, я знал, что те, кто соглашаются сотрудничать с органами, «дают подписку». Мне часто приходилось слышать выражение: «Я никакой подписки не давал!» Мне быстро объяснили, что оно означает. Но Абакумов не дал мне ничего подписывать. Он только сказал, что не ожидал от меня иного ответа и что я никогда не пожалею о своем решении. На этом наш долгий разговор закончился. Те же люди отвезли меня в гостиницу. Я порадовался тому, что, следуя предписаниям, не назначил на субботу выступления[1], иначе оно было бы сорвано.

Впоследствии (в годы войны) Абакумов несколько раз обращался ко мне за помощью, когда дело касалось разоблачения немецких шпионов[2]. Все наши встречи происходили по одному и тому же распорядку. За мной приезжали сотрудники Абакумова. Я бросал все дела (даже выступления) и отправлялся с ними. Мы приезжали туда, где находился человек, чьи мысли мне надо было прочесть. Я выполнял то, что от меня требовалось, и возвращался обратно. Каждый раз Абакумов лично давал мне задание. Он не хотел поручать общаться со мной кому-нибудь из своих подчиненных. Я для него представлял особую ценность.

Однажды мне довелось столкнуться с необычным человеком. То был японец, капитан, опытный разведчик. Его мысли невозможно было прочесть. Не потому, что он думал по-японски (я читаю образы, а не слова), а потому, что он сразу же распознал во мне телепата и оказал мысленное сопротивление. Для того чтобы понять, что я испытывал, работая с ним, надо разрезать большую картину на сотню маленьких кусочков, перемешать их и выложить как придется. Японец был очень важным шпионом, его допрашивал сам Абакумов, причем он его и паль-

---

[1] Тора (совокупность традиционного иудейского религиозного закона) предписывает воздерживаться от работы в субботу. Само название субботы «шаббат» переводится как «почил», «прекратил работу». «И совершил Бог к седьмому дню дела Свои, которые Он делал, и почил в день седьмой от всех дел Своих, которые делал. И благословил Бог седьмой день, и освятил его, ибо в оный почил от всех дел Своих, которые Бог творил и созидал» (Книга Быт. 2:2–3).

[2] В феврале 1941 года Виктор Абакумов был назначен на должность заместителя народного комиссара внутренних дел СССР и начальника Управления Особых отделов НКВД СССР, которое в 1943 году было выведено из подчинения НКВД и преобразовано в Главное управление контрразведки «СМЕРШ» («Смерть шпионам») Наркомата обороны СССР.

цем не тронул, хотя обычно любил пускать в ход свои большие кулаки. При мне он этого не делал, но я читал его мысли и видел следы побоев на лице арестованных. С японцем (фамилия его не важна) я промучился около часа, но так ничего и не добился. У Абакумова сразу же возникли подозрения в отношении меня. Он подумал, что я узнал от японца нечто особо важное и хочу сообщить эти сведения непосредственно Берии, а то и самому Сталину. Зачем? Затем, чтобы выслужиться. Абакумов был карьеристом, карьера составляла смысл его жизни, а всякий человек, как известно, меряет других по своей мерке. Положение мое было очень сложным. Я уже начал думать о бегстве, но быстро отбросил эту мысль. В то время я был уже не один. В случае моего бегства Абакумов непременно бы выместил свою злость на Аиде. Спасаться вместе? Но как? Аида тогда находилась в Ашхабаде. Я не успел бы добраться до нее. Достаточно было звонка Абакумова, чтобы ее тут же арестовали и доставили в Москву. И тут мне в голову пришла спасительная мысль. «Пусть ему дадут снотворного, я попробую поработать со спящим», — сказал я Абакумову. Я умею читать мысли спящих, но вдруг японец и во сне останется непроницаемым? Моя догадка оказалась верной. Заснув, японец перестал сопротивляться, и я смог прочесть кое-что из его мыслей. Узнал я немного, потому что спящий человек думает мало, но это немногое было очень ценным. Я узнал настоящее имя японца, имя его начальника, узнал о сути его задания. Мне повезло: японцу очень удачно приснилось, будто бы он вернулся в Токио и докладывает начальству об успешном выполнении задания. Когда японец проснулся и узнал, что его секреты раскрыты (Абакумов умел это — зная один-два факта, создать впечатление, будто он знает все), то перестал запираться. Мне было очень любопытно узнать, каким образом японец сопротивлялся моему проникновению в его мысли. Откуда у него эта способность? От природы, как у меня, или же он развил ее в себе путем тренировки? К сожалению, мне не удалось получить ответы на эти вопросы. Абакумов поблагодарил меня, и меня тут же отвезли на аэродром. Благодарил Абакумов всегда очень скупо: скажет «спасибо», и на этом все. Даже когда я помогал разоблачать шпионов в Генеральном штабе (а такое было дважды), я слышал все то же сухое «спасибо». Я не делюсь обидой, а просто рассказываю о том, что за человек был Абакумов. Я же помогал ему не за «спасибо» или какие-то блага, а потому, что считал борьбу с нацистами и их союзниками своим долгом. То был мой личный фронт. Характерный нюанс: сколько бы времени я ни провел с арестованными, откуда бы я ни прилетел, Абакумов никогда не спрашивал — не голоден ли я, не хочу ли я отдохнуть с дороги. А ведь дорога была разной, порой она выматывала хуже любой работы. Я являлся к Абакумову, и мы сразу же приступали к работе. Когда голова начинала кружиться от голода, я просил сладкого чаю. После такого откровенного намека мне приносили что-нибудь поесть. Если у меня заканчивались папиросы, Абакумов никогда не предлагал мне закурить сам, ждал, когда я попрошу. Ему не было абсолютно никакого дела до других людей.

После войны вызовы к Абакумову стали редкими. Их было всего четыре. Я помог разоблачить двоих хорошо законспирированных немецких агентов, участвовал в допросе одного полковника, дипломата, который хотел сбежать к англичанам[1]. Наша последняя встреча состоялась осенью 1946 года, когда Абакумов уже был министром[2]. Больше мы с ним не встречались. Не потому, что у него не было необходимости в моей помощи. Такая необходимость у Абакумова была, но он не хотел больше встречаться со мной из карьерных соображений. Встречи Абакумова

---

[1] Возможно, речь идет о полковнике Константине Волкове, работавшем в Турции под прикрытием должности вице-консула советского посольства. С целью бегства на Запад Волков установил контакт с британской разведкой, но был разоблачен, арестован и переправлен в Москву, где предан суду и приговорен к смертной казни.

[2] Министром государственной безопасности (МГБ) СССР.

с евреем в разгар кампании по борьбе с космополитизмом могли вызвать к нему недоверие. Абакумов стоял у истоков этой кампании, он начал готовить ее еще в 1946 году, и уже во время нашей последней встречи он беспокоился насчет того, что она может повредить его репутации. Но в тот раз он сильно нуждался в моей помощи, поэтому решил рискнуть.

Когда я узнал об аресте Абакумова и о том, в чем его обвиняют, то подумал, что на свете все же существует справедливость, пусть и в очень причудливой форме, но существует.

# Первая встреча
## со Сталиным

В декабре 1940 года я выступал в Гомеле. Вечером, после выступления, я сидел в гостинице и пил чай. В зале было холодно, во время выступления я довольно сильно замерз и потому добавил в чай коньяку. Советские коньяки меня приятно удивили как своим качеством, так и ценой. Вдруг в дверь постучали. Я сразу вспомнил старую поговорку: «Поставь на стол вино — и сразу придут гости». Ко мне иногда приходили в номер «знакомиться». В Польше такого не было, там подобная бесцеремонность считалась неприличной. Я открыл дверь и увидел двух офицеров. «Товарищ Мессинг?! Мы за вами. Собирайтесь, вас ждут в Москве». Я немного растерялся от неожиданности. Офицеры не знали, кто ждет меня в Москве. Они вообще ничего не знали. Они выполняли приказ проводить меня до самолета, который уже ждал на аэродроме. То был первый раз, когда за мной посылали самолет. Я подумал, что, наверное, меня хочет видеть Берия, и начал думать о том, зачем я мог ему понадобиться. Самолет был военный, не очень удобный. Тряска, шум и сильный холод не дали мне сосредоточиться. Я пожалел об оставленном в номере коньяке. К тому времени я уже успел обрасти имуществом, возил с собой несколько чемоданов, но их я оставил в гостинице. Взял с собой только портфель с самым необходимым. К кому меня везли, я не знал (предполагал, что к Берии), но чувствовал, что буду отсутствовать недолго, даже не стал отменять выступления.

На аэродроме в Москве меня уже ждала машина. Мы долго ехали. Мне не сказали, что меня везут к Сталину на дачу, но я узнал это из мыслей тех, кто меня встретил. На даче Сталина у меня забрали портфель и тут же провели в кабинет Сталина. Я волновался и даже немного робел. Мне многое приходилось слышать о Сталине, в том числе и разного рода слухи, которые передавались шепотом. У меня не было причин бояться Сталина, но я понимал, что моя судьба находится в руках этого человека. С людьми такого уровня мне еще не приходилось встречаться. Признаюсь честно, что мне хотелось произвести хорошее впечатление.

Сталин сидел за столом и читал какие-то документы. При моем появлении он встал, вышел из-за стола, подошел ближе и довольно долго меня рассматривал, изучал. Я в свою очередь изучал его. Я понял, что Сталин настроен ко мне благожелательно, но с недоверием. Несмотря на то что ему обо мне рассказывали, он считал меня ловким фокусником. Закончив рассматривать друг друга, мы сели, закурили (Сталин курил трубку, а я папиросы), и Сталин начал расспрашивать меня о моей жизни. Вопросы были самые простые: о моем происхождении, о том, когда я ощутил свои способности, о том, где я выступал и с кем встречался. Потом он вдруг сказал: «Говорят, что вы ловкач, умеете проходить сквозь стены. Это правда?» Я ответил, что сквозь стены проходить не умею, но силой внушения могу заставить пропустить меня или же не заметить. «Ваша сила внушения заставила Лаврентия сменить всю свою охрану. — Сталин улыбнулся, давая понять, что шутит. — А что вы умеете, кроме внушения и угадывания?» Я ответил, что иногда мне открывается будущее. Сталина больше всего интересовала именно эта моя способность, но он намеренно начал разговор издалека. Он присматривался ко мне и одновременно давал мне возможность освоиться. Я объяснил, что иногда вижу какие-то картины, образы, а иногда просто знаю ответ. Как будто внутренний голос подсказал. «Просто знаете ответ?» — переспросил Сталин. Я видел, что он мне не верит. Как я уже писал, мне хотелось произвести на Сталина хорошее впечатление. К тому времени я уже успокоился, волнение мое улеглось, и я мог сосредоточиться. Я предложил: «Товарищ Сталин, испытайте меня. Давайте я попробую предсказать что-нибудь из ближайшего будущего». — «Хорошо, — сказал Сталин, — попробуйте. Только предскажите что-то такое, чего никто не ожидает. Точно предскажите, а не как гадалка на базаре. И желательно, чтобы вы предсказали какое-нибудь крупное событие». Я сосредоточился. Представляю, какое бы впечатление я произвел на Сталина, если бы мне удалось назвать дату нападения Гитлера на Советский Союз. Но тогда я знал только то, что война скоро будет. Я чувствовал это как Вольф Мессинг и знал как простой советский гражданин. Тогда много говорили о том, что Гитлер не удовлетворится захваченными территориями и непременно пойдет на восток. Дату начала войны я назвать не мог.

Очень трудно заглядывать в будущее, если не имеешь конкретной цели. Надо за что-то зацепиться, чтобы увидеть. Но я никак не мог решить, за что мне зацепиться. А тут еще Сталин усложнил мою задачу, сказав, что хочет услышать о крупном событии. Мысли мои невольно перескочили на Сталина. Я узнал, что он недоволен женитьбой своего сына Василия[1] и что Василий скоро должен будет уехать в Липецк[2]. Но то было не предсказание, а простое чтение мыслей. Усилием воли я заставил себя отвлечься от чтения мыслей Сталина и сосредоточиться на будущем. Но с чего начать? Я вдруг подумал о том, что водитель, который привез меня на дачу Сталина, был сильно похож на гурского портного Хаима Либскинда по прозвищу Румын. Отец Хаима, Мойше Либскинд, приехал в Гуру из Румынии, спасаясь от погромов[3], оттого у всех Либскиндов было

---

[1] Имеется в виду женитьба Василия Сталина на Галине Александровне Бурдонской (1921–1990).

[2] В январе — мае 1941 года Василий Сталин учился в Липецке на курсах усовершенствования командиров авиаэскадрилий.

[3] Вероятно, речь идет погромах 1867 года, когда по распоряжению министра внутренних дел Й. Брэтиану из Румынии изгоняли евреев по надуманным обвинениям (в частности, по обвинению в распространении эпидемии холеры). Создавались специальные комиссии по депортации. По Румынии прокатилась волна погромов.

такое прозвище. От Хаима мои мысли перешли к Румынии и погромам. «В январе в Бухаресте будет попытка переворота, будут беспорядки и погромы. Переворот не удастся», — сказал я. Картина переворота в моей голове стала яснее, и я добавил: «Двадцать первого января он начнется, а двадцать третьего закончится»[1]. — «В Румынии? — переспросил Сталин. — Хорошо, я запомню. Месяц остался. А почему вы сказали именно про Румынию? Вы как-то связаны с Румынией?» Я объяснил почему, сказал и про Хаима Либскинда. «Вот, значит, как, — сказал Сталин с какой-то странной интонацией. — Подумали о каком-то портном, а увидели румынский переворот». Я в тот момент приходил в себя, расслабился и не мог сосредоточиться на мыслях Сталина, но по интонации понял, что он немного разочарован. Сталину явно хотелось, чтобы мои способности проявляли себя более упорядоченно. И скорее всего, он ожидал, что я скажу что-то, касающееся Советского Союза. Я подумал, что допустил ошибку. Надо было сосредоточиться на Советском Союзе, на Генеральном секретаре. Человеку всегда приятней узнавать что-то про себя, чем про других. Но сосредоточиться заново прямо сейчас я не мог, а наша встреча уже закончилась, потому что Сталин встал. Пришлось слукавить — выдать за видение будущего то, что я прочел в мыслях. Я тоже встал и поспешно сказал: «Ваш сын Василий в январе уедет в Липецк». Сталин подумал, что об этом уже известно, но откуда это мог узнать я? «Если ваше предсказание про Румынию

---

[1] Мятеж 21—23 января 1941 года в Румынии также называется «мятежом легионеров» или «мятежом Железной Гвардии». Он представлял собой попытку путча, предпринятого ультраправой политической партией «Железной Гвардии» против кондукэтора (фюрера) и премьер-министра Иона Антонеску. Мятеж сопровождался еврейскими погромами. Причиной путча послужили разногласия Антонеску с Хорией Симой, лидером «Железной Гвардии». «Железная Гвардия» рассчитывала на помощь Гитлера, так как ее идеология была очень близка нацистской, но Гитлер поддержал Антонеску. При помощи германских войск румынская армия быстро подавила мятеж. Хория Сима бежал в Германию, где был арестован и содержался в специальной части Бухенвальда, откуда в 1942 году бежал в Италию.

сбудется, то мы еще встретимся с вами», — сказал Сталин. На том наша первая встреча закончилась. Меня сразу же отвезли на аэродром, где ждал тот же самый самолет. В дорогу от своих сопровождающих я получил большой сверток с бутербродами и термос с горячим чаем, что меня очень порадовало. Обратный перелет до Гомеля показался мне даже приятным: и трясло, кажется, меньше, и шум не досаждал, и холода я практически не чувствовал, потому что согревался чаем.

Меня немного удивило, что Сталин не просил меня выполнять задания. Видимо, Сталину было достаточно того, что рассказал обо мне Берия, а сам он, как и положено политику высшей категории, больше всего интересовался моей способностью предсказывать будущее.

Я с огромным нетерпением ждал двадцать первого января. Я был уверен, что предсказание мое сбудется, но все равно волновался. Любой бы волновался на моем месте. Речь шла о моей репутации. Если я ошибся, Сталин сочтет меня всего лишь «фокусником», а его мнение было в Советском Союзе законом. Двадцать первого января в газетах еще не было сообщений, но поздно вечером я услышал по радио о том, что в Бухаресте начались вооруженные столкновения. От радости, что не ошибся, я был готов расцеловать радиоприемник. «Сбылось! Сбылось! Теперь сам Сталин поверит в то, что я не шарлатан!» — думал я. На радостях я позволил себе немного выпить и вышел из гостиницы на прогулку (я тогда был в Харькове), потому что не мог усидеть на месте. Обошел несколько раз вокруг гостиницы, промерз до костей, потому что морозы стояли жуткие, и вернулся в номер. До утра так и не заснул. Слушал радио, читал, думал. Много думал о своих родных, оставшихся в Польше, думал о том, что скоро будет война. Вдруг я увидел себя в каком-то живописном парке. Был солнечный летний день, я и все окружавшие меня люди были одеты по-летнему. Людей было много, они улыбались, шли неспешно, я понял, что день был выходной. Мы с писателем Виктором Финком[1] идем и беседуем. Вдруг улыбки исчезают, лица становятся суровыми, и люди говорят о войне, о том, что рано утром Гитлер напал на Советский Союз. Я вздрогнул и очнулся, так и не узнав даты нападения. Попробовал снова сосредоточиться на мыслях о войне, о ее начале, но у меня ничего не получилось. И все последующие попытки (а пытался я не раз) были безуспешными. Забегая вперед, скажу, что, оказавшись 22 июня 1941 года в тбилисском парке на вершине горы[2], я узнал место из моего видения о начале войны. Бывший со мной Финк заметил, как изменилось мое лицо, и забеспокоился: не заболел ли я? Я ответил: «Со мной все в порядке, но сегодня началась война. Фашисты напали на нас». Вскоре мы услышали речь Молотова[3].

Виктор Григорьевич Финк недавно умер[4]. Мне его сильно не хватает. Мы познакомились с ним вскоре после моего появления в Советском Союзе и общались до последних дней его жизни. Почти до последних. Я непременно должен упомянуть о Викторе Григорьевиче в своих воспоминаниях. Он стал первым человеком, с которым я сблизился здесь. Между нами было много общего. Мы оба прожили за границей значительную часть жизни, оба много разъезжали, много повидали. Виктор Григорьевич был очень умным, добрым и чутким человеком. Его доброта поражала не меньше, чем его эрудиция. Он мог поделиться последним, мог помогать, забыв про свои дела. Про Виктора Григорьевича можно без преувеличения сказать «золотой человек». И такой же золотой человек его жена Эсфирь Яковлевна, которую все знают

---

[1] Виктор Григорьевич Финк (1888–1973) — советский писатель и переводчик.

[2] Парк на горе Мтацминда в Тбилиси.

[3] «Речь Молотова» — историческое выступление по радио народного комиссара иностранных дел СССР Вячеслава Молотова в полдень 22 июня 1941 года, в котором он официально сообщил советскому народу о нападении фашистской Германии на Советский Союз и объявил о начале Отечественной войны против агрессора.

[4] Виктор Финк умер в 1973 году.

Заслуженный артист РСФСР Вольф  Григорьевич Мессинг

как Фиру, потому что она не любит, когда к ней обращаются по отчеству. Я им многим обязан. Виктор много ездил по Советскому Союзу с выступлениями. У него были широкие связи повсюду. Он знал всех, и все его знали. Когда мы подружились, то начали стараться ездить на выступления вместе. Я шутя называл Виктора «моим советским импресарио», потому что он, устраивая свои дела, устраивал и мои. Если можно бы было сказать, что кто-то заменил мне моих родных, если бы кто-то мог мне их заменить, то это были бы Виктор и Фира. Я храню открытки, полученные от них. Виктор подписывал их: «Искренне ваши Финики». Он был веселый человек, любил шутить и над собой тоже подшучивал постоянно. «Финик» было его прозвище, которое он придумал сам. Все так и говорили: «Пойдемте к Финикам». Моя судьба не щедра на подарки, но иногда она дарит мне знакомство с такими людьми, как Виктор и Фира. Это очень ценный подарок.

# Вторая встреча
## со Сталиным

В том, что в скором времени состоится моя встреча со Сталиным, не было сомнений. Я даже пытался угадать, когда она произойдет, но не угадал.

Я — сын бедного арендатора, по сути дела — сын садовника, поэтому праздную Хамишосер[1], который многие евреи и за праздник не считают. У нас дома в этот день на стол выставлялись все плоды, которые только можно было сохранить до зимы. Мать старалась сохранить понемногу от всего, но положенных пятнадцати на нашем столе[2] никогда не бывало.

В феврале 1941 года я праздновал Хамишосер в Москве. Накрыл в своей комнате стол, выложил на тарелку (из посуды у меня тогда было несколько тарелок и несколько стаканов) мой небогатый хамишосер — яблоки, изюм, сушеные абрикосы и чернослив. Только надкусил яблоко, в дверь позвонили три раза. Три звонка было ко мне. С яблоком в руке я поспешил открыть дверь. У меня были очень склочные и вредные соседи, один другого хуже. В одной комнате жила пожилая и очень громогласная

---

[1] Хамишо́сер или Хамиша Асар би-шват — устаревшее название праздника Ту би-шват (в переводе с иврита оба названия означают пятнадцатый день месяца шват). Ту би-шват — еврейский праздник, отмечаемый в 15-й день еврейского месяца шват. Также называется «Рош ха-Шана ла’Иланот» — «Новый год деревьев». Согласно преданию, деревья, увидев, что Бог даровал людям праздник Нового года, попросили Его, чтобы и им он установил такой же день. Так как в месяце шват (он приходится на январь или февраль) деревья просыпаются после зимней спячки, то именно это время и было избрано.

[2] У ашкеназских (европейских) евреев есть обычай выставлять на стол в Ту би-шват до 15 видов плодов (соответственно числу месяца). Праздничные плоды называются на идиш «хамишосер», так же как и сам праздник.

женщина, в другой — такой же громогласный мужчина с женой, в третьей — старый одноногий пьяница, участник Гражданской войны. Если сразу не открыть дверь, начинался скандал. Все соседи выходили в коридор и начинали ругать меня. Кричали, что я «барин», который не желает открывать дверь своим гостям, напоминали, что в Советском Союзе нет лакеев... Я не люблю скандалов и всячески стараюсь их избегать. Поэтому, услышав три звонка, я сразу же спешил к двери, гадая на ходу, кто это мог быть. Неужели кто-то из знакомых вспомнил, что сегодня Хами-шосер, и решил отпраздновать его в моей компании?

Открыв дверь, я увидел военного в синей фуражке НКВД. К тому времени я уже научился кое-как разбираться в звани-ях и петлицах и понял, что передо мной полковник. «Товарищ Вольф Мессинг? Здравствуйте. Прошу вас немедленно проехать со мной», — сказал мне полковник. На лицах выглянувших в ко-ридор соседей засветилась откровенная радость. Они не любили меня. Не любили за то, что я был иностранцем, за то, что зани-мался «непонятно чем», как они выражались, за то, что я, в отли-чие от них, в любой ситуации старался быть вежливым. Я был для них чужим. Решив, что меня пришли арестовывать, они обра-довались. Не подумали ни о том, что полковники вряд ли ходят арестовывать по домам, ни о том, что в одиночку арестовывать вряд ли ходят. Я быстро переоделся, и мы поехали к Сталину. О том, куда мы едем, полковник сказал мне сам, когда мы сели в машину. Меня привезли на уже знакомую мне дачу, но в этот раз мне пришлось долго ждать в какой-то комнате. Мне принес-ли чай, варенье, какие-то сладости. Дома я так и не поел толком, но сейчас исправил это. От сытости, тепла и долгого ожидания меня начало клонить в сон. Я задремал, сидя на стуле. Вдруг про-снулся, не успел еще толком понять, где я нахожусь, а дверь уже открылась, и вошел Сталин. Оглядев стол, на котором пустой посуды было больше, чем полной, он пригласил меня прой-ти в кабинет. Сталин начал разговор с похвалы. «Вы молодец, товарищ Мессинг, правильно все предсказали — и про румын, и про Василия», — сказал он. И сразу же, не делая паузы, спросил меня, думал ли я о войне с Гитлером. Я ответил, что думал, очень часто думал, и рассказал Сталину про свое видение. «Летом, значит, — сказал Сталин. — В выходной день. Нападать в выходной день — это умное решение. Люди отдыхают, их можно застать врасплох. А более точно вы сказать не можете?» Я ответил, что не могу, что сам пытаюсь уточнить дату, но у меня это не получается. «Жаль, — нахмурился Сталин. — Но если узнаете, то немедленно сообщите мне». Я набрался смелости и спросил, каким образом я могу это сделать. Передавать мысли на большом расстоянии я не могу. К тому же что-то подсказывало мне, что не стоит внушать Сталину какие-то мысли или давать ему понять, что я могу узнать, о чем он думает. Являться в Кремль и начинать проходить посты при помощи внушения тоже не стоило. Это даже не столько мои способности мне подсказали, сколько мой жизненный опыт. Так что у меня оставался всего один способ немедленного извещения Сталина — телефонный звонок.

— Вам сообщат телефон, — сказал Сталин. — Будете звонить по нему, просить соединить вас с Поскребышевым[1] и говорить, что хотите встретиться со мной. Если что-то очень срочное, можете передать информацию Поскребышеву. Ему можно говорить все, без утайки. С просьбами тоже можете обращаться к нему.

Я поблагодарил и сказал, что у меня нет никаких просьб. Мне выдали советский паспорт, предоставили возможность работать, дали комнату в Москве — чего мне еще хотеть?

— Неужели у вас нет ни одного желания? — удивился Сталин. — Трудно в это поверить.

---

[1] Александр Николаевич Поскрёбышев (1891—1965) — в 1928—1952 годах заведующий особым сектором ЦК — Секретариатом И.В. Сталина, личный секретарь Сталина. Генерал-майор. В 1953 году, незадолго до смерти Сталина, Поскрёбышев был обвинен в утере важных государственных документов и отстранен от работы.

Он меня испытывал. Сталин не составлял мнения о человеке, не испытав его.

— У меня одно желание, товарищ Сталин, — ответил я. — Даже не желание, а мечта. Я хочу найти своих родных. Больше мне ничего не надо.

— Запишите, как их зовут, — сказал Сталин, подавая мне бумагу и карандаш. — Я попрошу товарищей собрать сведения.

Обрадовавшись, я написал дорогие мне имена. К сожалению, даже Сталину не удалось ничего узнать о моей семье. И в освобожденной Польше не нашлось ни одного документа, где бы упоминались отец, братья и прочие мои родственники. Отступая, немцы забирали свои архивы с собой, а что не могли забрать, сжигали на месте. Очень тяжело ничего не знать о судьбе своих близких. Иногда кажется, что так оно и лучше, потому что так сохраняется хоть какая-то надежда, но на самом деле тяжело. Столько лет я ношу на сердце эту тяжесть, и от времени она становится не легче, а тяжелее.

Тогда я сильно понадеялся на то, что Сталин сможет мне помочь. В моих глазах, как и в глазах всех людей, этот человек был всемогущим. Для него не было преград. Маленков[1], Булганин[2,] Хрущев и Брежнев совершенно не похожи на Сталина. По ним видно, что это руководители высокого ранга, но у них нет ни капли сталинского величия. Они не выделяются из толпы. А Сталин выделялся. У меня к нему сложилось противоречивое

---

[1] Георгий Максимилианович Маленков (1902–1988) — советский государственный и партийный деятель, соратник И.В. Сталина, Председатель Совета Министров СССР (1953–1955). Участник «антипартийной группы Молотова — Маленкова — Кагановича».

[2] Николай Александрович Булганин (1895–1975) — советский государственный и военный деятель. После смерти Сталина в марте 1953 года возглавил Министерство обороны, одновременно являлся Первым заместителем Председателя Совета Министров СССР. В 1958 году за участие в «антипартийной группе Молотова — Кагановича — Маленкова», выступившей против политики Н.С. Хрущева и предпринявшей попытку сместить его с должности Первого секретаря ЦК КПСС, Булганин был лишен занимаемых должностей.

отношение. Если говорить точнее, то мое отношение к Сталину со временем менялось. Когда в Советском Союзе начались гонения на евреев, я был очень этим расстроен. Это не могло не сказаться на моем отношении к Сталину. Я уже не мог им восхищаться, исчезло уважение, но понимание того, что Сталин — неординарный, гениальный человек, осталось. Сталин сильно выделялся из всех людей, с которыми меня сводила жизнь. Он был невысок, но, глядя на него, я не мог отделаться от чувства, будто бы он стоит на пьедестале, потому что он казался выше всех, значимее всех. И это не должность возвышала его. Хрущева, например, должность не возвышала. Дело было не в должности, которую занимал Сталин, а в его характере, в его личности. Культ личности Сталина возник неспроста, не на пустом месте он появился. У такой необыкновенно одаренной личности просто не могло не быть культа. Культ личности Хрущева или Брежнева я не могу вообразить. Хотя мне, наверное, как еврею Брежнев должен импонировать. Он точно не антисемит, если женат на еврейке[1]. Но Брежнев мне совершенно не импонирует.

— А что вы еще можете сказать мне про моего сына Василия? — спросил Сталин. — А про других детей что можете сказать?

Я спросил, сколько у Сталина детей и как их зовут. Мой вопрос вызвал у Сталина улыбку. Каждый советский человек, кроме меня, знал, что у Сталина два сына и одна дочь.

— Трое, — ответил Сталин. — Яков, Василий и Светлана. — При этом он с огромной любовью подумал о Светлане и Василии и совсем не так тепло о Якове. Мысли выражают эмоции гораздо лучше, чем слова. Мне трудно это объяснить, но мысли бывают теплыми и холодными. Чем добрее, чем приязненнее мысль, тем

---

[1] Супруга Леонида Ильича Брежнева Виктория Петровна Брежнева (урожденная Денисова) отрицала свое еврейское происхождение и в подтверждение своих слов ссылалась на то, что ее родителей звали Петром Никифоровичем и Анной Владимировной.

она теплее. И наоборот. Я очень чутко улавливаю эту «температуру». О Якове Сталин подумал холодно. Сосредоточиться одновременно на трех людях, тем более — абсолютно незнакомых, невозможно. Я выбрал Светлану. Я видел картину, на которой Сталин был изображен с дочерью. Картина висела в фойе одного дома культуры, где я выступал. Я вспомнил эту картину, она помогла мне сосредоточиться. Я увидел пожилую женщину, очень похожую на Сталина, которая сидела в кресле и рассматривала альбом с фотографиями. Тогда еще мне не приходилось бывать в Грузии, но я знал, что дело происходит в Тбилиси. Комната, в которой сидела женщина, была обставлена хорошей, дорогой на вид мебелью. Я отметил это мысленно, потому что еще в первый приезд на дачу к Сталину удивился скромности обстановки. Забыл об этом написать, а сейчас вспомнил. В комнату вошла девочка-подросток. У меня не было своих детей, поэтому я плохо определяю на глаз детский возраст. Мне показалось, что девочке двенадцать лет. Девочка подошла к Светлане, та погладила ее по голове, и я понял, что девочка ее дочь, а не внучка, как я подумал сначала. Вот все, что мне удалось увидеть. «Светлана проживет долгую жизнь и будет счастлива, — сказал я Сталину. — Она будет жить в Грузии. У нее будет дочь. Это все, что я могу сейчас сказать». В тот раз я ошибся. Вряд ли дочь Сталина сможет оказаться в Грузии после своего бегства за границу[1]. Как этот ее поступок отразился на мне, я еще расскажу.

---

[1] Аллилуева (Сталина) Светлана Иосифовна (1926–2011) — дочь И. В. Сталина, филолог-переводчик. 20 декабря 1966 года приехала из СССР в Индию, сопровождая прах своего гражданского мужа Браджеша Сингха. 6 марта 1967 года она явилась в посольство США в Дели и попросила политического убежища. Аллилуева писала: «Мое невозвращение в 1967 году было основано не на политических, а на человеческих мотивах. Напомню здесь, что, уезжая тогда в Индию, чтобы отвезти туда прах близкого друга — индийца, я не собиралась стать дефектором, я надеялась тогда через месяц вернуться домой. Однако в те годы я отдала свою дань слепой идеализации так называемого «свободного мира», того мира, с которым мое поколение было совершенно незнакомо». На Западе Аллилуева опубликовала сенсационные мемуары о своем отце и кремлевской жизни. В ноябре 1984 года

Сталин ожидал от меня большего, но я не могу сказать больше, чем вижу. Меньше могу, могу что-то скрыть, но никогда ничего не выдумываю. Мне стало неловко, я сказал, что попробую еще, но больше не смог увидеть ничего про Светлану. Сталин спросил, что я могу сказать про его сына Василия. Мое состояние влияет на мои способности самым неожиданным образом. Мне было неловко из-за того, что я так мало смог сказать о Светлане, что о Василии я увидел многое. Как будто небольшой фильм увидел. Редко когда судьба человека открывается мне столь подробно. Обычно я вижу отдельные образы, отдельные картины. Я увидел молодого генерала в обществе Сталина и еще нескольких людей, увидел летчика за штурвалом самолета, увидел Сталина на трибуне Мавзолея, он смотрел на летевшие в небе самолеты. Я увидел Василия с красивой женщиной, увидел его рыдающим на похоронах отца, увидел его в тюрьме, увидел, как красивая женщина, теперь уже не такая красивая, пришла к нему на свидание, увидел, как она же стоит рядом с гробом Василия. Я узнал больше — я узнал дату смерти Сталина и дату смерти Василия! Что я должен был сделать? Рассказать Сталину все? Это было невозможно. Уверен, что в таком случае я не смог бы дожить до сегодняшнего дня. Сталин решил бы, что я над ним издеваюсь, или же решил бы, что я хочу очернить Хрущева, Ворошилова и многих других товарищей из руководства[1]. Поверил бы Сталин в то, что его соратники, люди, кото-

---

Светлана Аллилуева вернулась из США в Москву с дочерью Ольгой, отцом которой был американский архитектор Уильям Питерс. Аллилуевой восстановили советское гражданство. Она некоторое время прожила в Москве, потом переехала в столицу Грузинской ССР г. Тбилиси. В 1986 году Аллилуева обратилась за разрешением на выезд в США и ноябре того же года получила его. Умерла Светлана Аллилуева 22 ноября 2011 года в доме престарелых города Ричланд (штат Висконсин, США). В 70-е годы прошлого века, когда Вольф Мессинг писал свои мемуары, возможность возвращения Светланы Аллилуевой в СССР казалась невероятной, поэтому Мессинг и решил, что он ошибся.

[1] Вскоре после смерти И.В. Сталина генерал-лейтенанта авиации В.И. Сталина уволили в запас без права ношения военной формы. Василий Сталин обра-

рым он доверял, после его смерти посадят его сына в тюрьму? Что же касается дат смерти, то я их не называю людям никогда. Такое у меня правило.

«Василий станет генералом, — сказал я. — Какая-то женщина будет верно любить его...» Сказав это, я тут же испугался, что Сталин спросит, в чем я увидел верность этой женщины. Надо мне было обойтись без слова «верно». Но Сталин не обратил внимания на мою оговорку. К тому времени я уже хорошо говорил по-русски, но с акцентом, путал ударения и нередко вставлял польские и еврейские слова. Иногда от волнения говорил совершенные глупости. Однажды, когда перед самым выступлением у меня произошел бурный спор в гостинице, я вышел к зрителям и обратился к ним: «Панове товарищи». Хорошо еще, что дело было в Гродно, городе, совсем недавно бывшем польским. Зрители решили, что я остроумно пошутил, и рассмеялись. На самом же деле я совершенно не умею шутить. Шутки понимаю, но сам придумать что-то смешное не могу.

Про Якова Сталин спрашивать не стал. Я понял, что его разочаровали мои предсказания. В самом деле, то, что я сказал ему про детей, было очень похоже на предсказания обычной гадалки. Неопределенно и туманно. Совсем не то, что с румынскими событиями. Я расстроился, подумал, что хорошо начал, да не совсем хорошо закончил. Всему виной мое неумение и нежелание приукрашивать. Вот если бы я рассказал о том, что Василий

тился в посольство КНР с информацией о том, что его отца отравили, и попросил разрешить ему выезд в КНР. 28 апреля 1953 года Василий Сталин был арестован по обвинению в клеветнических заявлениях в адрес руководителей Советского Союза и злоупотреблении служебным положением в должности командующего ВВС Московского военного округа. Был приговорен к восьми годам заключения, в январе 1960 года досрочно освобожден, но в апреле того же года, вскоре после нового посещения посольства КНР, снова арестован за «продолжение антисоветской деятельности». В апреле 1961 года Василий Сталин был освобожден из тюрьмы в связи с отбытием срока наказания и уехал в Казань, город, который ему определили для проживания. Скончался 19 марта 1962 года. По официальной версии, смерть наступила от отравления алкоголем.

станет знаменитым летчиком, установит много рекордов, совершит какой-то особенный перелет и так далее, Сталин бы остался доволен. Я чувствовал, как сильно он любит Василия. Я же видел Василия за штурвалом самолета, значит — он будет продолжать летать. Почему бы не рассказать об этом красочно? Разве то, что я рассказал только половину из увиденного, не есть еще большая ложь? Моя бабушка Рейзл говорила, что половина правды — это целая ложь.

— Вы хотите сказать что-то еще? — спросил Сталин, заметив мое замешательство.

— Хочу, товарищ Сталин, — сказал я, сообразив, что именно я еще могу сказать. — Я видел вас и Василия после войны. На Красной площади во время парада. Это значит, что Советский Союз победит Германию.

— Это я знаю и без вас, — ответил Сталин. — Советский Союз никому не удастся победить. В девятнадцатом году было очень трудно выстоять, но мы выстояли. А что вы делали в девятнадцатом году? — Вопрос прозвучал как упрек.

— Жил в Польше, выступал, — ответил я.

— Если бы не немцы, вы бы и сейчас там жили? — спросил Сталин. Врать я не мог, ложь прозвучала бы глупо.

— Наверное, да, — ответил я. От растерянности я не мог сосредоточиться и понять, о чем думает Сталин. Мне стало не по себе.

— Никогда не надо притворяться, — сказал Сталин. — Ложь всегда раскрывается. Лучше сказать, что вы выступали, если так оно и было, чем врать про подпольную работу. Не стоит сочинять себе биографию.

Я понял, что это была проверка, и вздохнул с облегчением.

Во время наших встреч Сталин не раз внезапно менял тему разговора и задавал мне какой-нибудь простой на первый взгляд вопрос. Только на первый взгляд. На самом деле в вопросе всегда таился какой-то подвох. Я ожидал, что, убедившись в том, что я не шарлатан, Сталин начнет лучше ко мне относиться, но на самом деле вышло наоборот. Пока Сталин сомневался в моих способностях, им руководило любопытство. Любопытство — закономерное чувство для человека, столкнувшегося с чем-то необычным. Узнав, что я на самом деле кое-что могу, Сталин начал относиться ко мне с недоверием. Недоверие это опиралось на три «столпа», три обстоятельства, которым Сталин не мог найти объяснения. Он не понимал, почему я с моими способностями не занимаюсь политикой, а выступаю перед зрителями. Сталин считал политику лучшим из всех занятий и не допускал, что кто-то может считать иначе. Ведь политика — это власть, а власть в его понимании была высшей ценностью. Сталин не понимал природы моих способностей. Когда я говорил, что не могу дать ответа, он подозревал, что я не хочу этого делать. Некоторые товарищи (не стану перечислять их имена) подозревали меня в шпионаже и делились своими подозрениями со Сталиным и Берией. Я действительно вызывал подозрения. Иностранец, постоянно разъезжаю по Советскому Союзу, умею читать мысли. Я часто замечал, что за мной следят, но относился к этому совершенно спокойно. Скрывать мне было нечего, поэтому слежку можно было расценивать как бесплатную охрану. Простые люди тоже часто принимали меня за шпиона. С началом войны усилилась бдительность. На каждом шагу проверяли документы. Моя прическа, хороший костюм и выраженный акцент сразу же вызывали подозрения. Меня принимали за шпиона, задерживали. Я подчинялся, по нескольку часов ждал, пока выяснится, кто я такой. Виктор Финк удивлялся, почему бы мне не внушить тем, кто меня задерживал, чтобы они меня отпустили. Я объяснил ему, что если начну действовать подобным образом, то неизбежно навлеку на себя подозрения. «Надо носить с собой не только паспорт, но и афишу», — посоветовал мне Виктор. Я так и поступил, предъявлял афишу вместе с паспортом. Последний раз меня задержали в Столешниковом переулке в августе 1946 года. Я имел неосторожность встать на углу и закурить. Я не люблю курить на ходу. Бдительный молодой милиционер решил, что я шпион, который ждет связного. Понаблюдав за мной и видя, что я ухожу в сторону Петровки, он задержал меня и доставил в отделение. Там меня сразу же узнал дежурный, и на этом дело закончилось. Спустя несколько лет милиционер из Столешникова переулка подошел ко мне после выступления и рассказал, что встреча со мной стала для него счастливой. Не помню подробностей, помню, что его перевели туда, куда ему очень хотелось, и повысили в звании. Не за то, что он задержал меня, просто так совпало. Но среди множества ходящих обо мне слухов есть и такой, будто бы я приношу счастье. Кому-то для счастья достаточно посмотреть на меня, кому-то непременно нужно до меня дотронуться. Если бы я на самом деле приносил счастье, то, наверное, в первую очередь принес бы себе много-много счастья.

Настороженное отношение ко мне Сталин искусно скрывал. Наряду с этим он не раз демонстрировал мне свое расположение, в том числе и на людях. Кроме того, вскоре после нашей второй встречи я заметил, как изменилось отношение ко мне у разных людей. Моя жизнь стала проще. То, о чем раньше приходилось просить, чего нужно было добиваться, теперь приходило ко мне само. Домоуправление по собственному почину поклеило в моей комнате новые обои, побелило потолок и привело в порядок оконную раму, из которой вечно дуло. С моими соседями побеседовал участковый (об этом я узнал из их мыслей), и моя квартирная жизнь стала спокойной. Крикливые и склочные соседи превратились в тихих, вежливых людей. Смотрели они на меня по-прежнему недружелюбно, но ни словом, ни действием своего недружелюбия больше не выражали. Раньше я сам напрашивался с предложением выступить, а с весны на меня посыпались приглашения. Сначала я подумал, что причиной тому стали широкие связи Виктора Финка, и выразил ему свою благодарность. Выслушав меня, Виктор молча покрутил пальцем у виска (он имел привычку разговаривать жестами), а затем ткнул пальцем вверх. «Наивный дурачок, мне такое не под силу. Это веление свыше». Изменилось отношение ко мне даже у самой сердитой в Советском Союзе публики — гостиничных администраторов. Теперь мне не нужно было вкладывать в паспорт три червонца[1], чтобы получить номер. Для меня всегда находился номер, причем удобный, в котором все было устроено должным образом. Я не мог понять, как вдруг столько самых разных, незнакомых друг с другом людей изменили ко мне свое отношение. Растущей популярностью объяснить это было невозможно, потому что популярность моя в Советском Союзе начала расти как раз с весны 1941 года.

— У всех советских людей сейчас на уме только одно — война, — сказал Сталин в завершение нашей второй встречи. Я понял его слова как приказ. Я очень старался, но так и не смог узнать дату начала войны. Никакие ухищрения не помогали.

Мне очень нравится слушать шум прибоя. Эти звуки действуют на меня успокаивающе. Во время выступлений в Одессе я две ночи провел на берегу. Сидел, слушал море, думал о своей жизни, пытался заглянуть в будущее. Кое-что я увидел, но это касалось лично меня. Дату начала войны я так и не узнал. В газетах мне приходилось читать, что Гитлер несколько раз менял эту дату. Возможно, причина была в этом? Не знаю. До сих пор не могу простить себе, что не смог предупредить Сталина. Моей вины тут нет, уж мне ли не знать, как я старался, но все равно не могу простить. Если бы знать о времени нападения Гитлера хотя бы за две недели или даже за неделю, то сколько жизней можно было бы спасти!

Третья встреча со Сталиным состоялась в ноябре 1941 года. Но прежде чем перейти к ней, я хочу рассказать о первых днях войны.

---

[1] «Три червонца» (а не «тридцать рублей») — официальное название банкноты, имевшей хождение в СССР с 1937 по 1946 год.

# Война

**К**ак я уже писал, начало войны застало нас с Виктором в Тбилиси. Знакомство с Грузией было очень приятным, но его омрачила война. Мне понравилось все: и земля, и люди, и прекрасный климат. Я очень чувствителен к климату. Одно время я всерьез подумывал о том, чтобы переехать из Москвы в Крым или в Закавказье. Но моя покойная жена Аида, да будет благословенна ее память, говорила мне: «Не сейчас, потом. Сейчас по нашей работе удобнее жить в Москве». Я соглашался с ней. Аида всегда говорила дело. Да, действительно, если много разъезжаешь по стране, то удобнее жить в Москве. Здесь сходятся все дороги Советского Союза, здесь собраны все главки[1], здесь самое лучшее снабжение. Помню, как в самом начале моей советской жизни меня удивил вопрос, который мне задали после возвращения из Гомеля: «А какое там снабжение?» Мне, «новорожденному» гражданину Советского Союза, тогда казалось, что снабжение везде одинаковое. Я соглашался с Аидой, откладывал переезд на юг на будущее, а когда Аиды не стало, отказался от этой мысли. Я не могу уехать от могилы моей любимой жены, единственной дорогой мне могилы на свете.

В 1941 году я еще не полностью освоился в Советском Союзе. Виктор Финк жил здесь гораздо дольше меня, и жизненный опыт у него был более богатый. «Нам надо срочно возвращаться в Москву, — сказал он. — Прямо сейчас. Иначе мы здесь застря-

---

[1] Главк (от «главный комитет») — принятое в СССР сокращенное название главных управлений — подразделений министерств. В более широком смысле — любая начальственная контора.

нем, а для нас это опасно». Я не понял смысла его слов. Виктор объяснил, что раз война, то железная дорога будет занята перевозкой военных грузов и пассажирские поезда станут ходить кое-как. Кроме того, он опасался, что в войну вступит Турция, союзник Германии[1]. Турецкая граница была близко, турки могли дойти до Тбилиси за несколько часов. Так думали не только мы одни. Когда я увидел, что творилось на вокзале, я собрался сесть в поезд без билета, прибегнув к внушению. Пусть без места, как-нибудь, лишь бы уехать. Но Финк чудесным образом достал нам билеты, да к тому же в мягкий вагон. Правда, очень скоро к нам подсадили еще двух пассажиров. Мы не возражали, понимали, что всем надо ехать, тем более что попутчики оказались приятными людьми. Военный быт сразу же вошел в мою жизнь. Патрули на станциях, много военных, частые проверки документов в поезде. Моя персона то и дело привлекала внимание. Виктор объяснял, кто я такой. От волнения он говорил громко, в результате очень скоро весь вагон, а за ним и весь поезд знал, что в таком-то купе едет Вольф Мессинг, телепат и гипнотизер. Началось паломничество в наше купе. Кто-то заглядывал в купе на ходу, кто-то хотел познакомиться, очень многие спрашивали, как скоро закончится война — к зиме или позже. Тогда всем казалось, что война должна закончиться очень скоро. «Мы им покажем!» — слышалось со всех сторон. Признаюсь честно, я не разделял этого оптимизма. И совсем не потому, что не был патриотом. Я был патриот, и, кроме того, моя ненависть к нацистам была огромной. Но я успел увидеть армию Гитлера в Поль-

---

[1] Здесь у Мессинга ошибка. Турция в годы Второй мировой войны сохраняла нейтралитет. Однако отношения тогдашнего турецкого правительства с фашисткой Германией были весьма теплыми. Летом 1940 года было подписано соглашение о турецко-германском экономическом сотрудничестве. С началом Великой Отечественной войны турецкое правительство официально объявило о своем нейтралитете в конфликте, но в то же время провело частичную мобилизацию в провинциях, граничащих с территорией Советского Союза. Так что у Виктора Финка имелись основания для того, чтобы ожидать вступления Турции в войну на стороне Германии.

ше и хорошо понимал, какая грозная, хорошо организованная сила надвигается на Советский Союз.

Москву я не узнал. Уезжал из одного города, а вернулся совершенно в другой. Возле моего дома меня задержали, но кто-то из соседей подтвердил, что я действительно здесь живу, и обошлось без прогулки до отделения милиции. «Гулять» пешком с двумя тяжелыми чемоданами в руках мне не хотелось.

Я очень хотел воевать, мне хотелось отомстить за моих погибших родственников, но воевать я не мог по состоянию здоровья. Уже тогда у меня начали болеть ноги[1], зрение было плохим, иногда случались перебои в работе сердца. Я чувствовал себя неприкаянным, никому не нужным. Воевать я не могу, полезной для фронта специальности не имею. Кому нужны во время войны мои мысленные опыты? Я и подумать не мог о том, что во время войны буду выступать больше, чем до нее. Вот пример того, насколько Вольф Мессинг ошибался насчет своего собственного будущего. Верно говорили у нас в Гуре, что все сапожники ходят босиком. Я делился своими сомнениями кое с кем из знакомых. Театральный администратор Игорь Нежный ободрил меня. Он сказал, что я пригожусь и в военное время, что мои выступления нужны людям для поднятия духа. «Как только уляжется суматоха первых дней, нам всем найдется дело», — сказал Игорь и оказался совершенно прав. Очень скоро, в августе 1941 года, я выехал в Новосибирск. Меня туда эвакуировали, и там же состоялись мои первые выступления военной поры. Дорога была длинной, наш поезд часто и подолгу стоял, пропуская эшелоны, которые шли на фронт, но атмосфера в поезде была приятная, дружеская. Люди делились с попутчиками тем, что у них было, поддерживали друг друга. Одна девушка, скрипачка, во время остановок устраивала в нашем вагоне концерты. Было очень непривычно

---

[1] Вольф Мессинг страдал выраженным облитерирующим эндартериитом нижних конечностей.

слушать музыку в поезде. Все было непривычно. Эта война оказалась совершенно не похожей на Первую мировую. Настолько, насколько же Советский Союз был не похож на Российскую империю. Или дело было в моем возрасте? В Первую мировую я был молод, а в молодости все воспринимается иначе. Тяжелое кажется легким, сложное — простым, ничего не боишься, ни о чем всерьез не переживаешь.

С началом войны я еще острее ощутил свое одиночество. Все вокруг были не одни. Они о ком-то заботились, кто-то заботился о них. Люди писали друг другу письма, слали телеграммы, провожали, встречали, волновались. Обо мне волновались только тогда, когда я опаздывал на выступление. Очень грустно, просто невыносимо было вечерами. Сидишь один, тоска начинает душить. До войны в таких случаях я уходил на ночные прогулки. Во время войны далеко не везде можно было гулять по ночам. Я нашел другой способ — начал больше работать. Вместо одного выступления давал два. Мог бы давать и три, потому что спрос был большим. Узнав о моем приезде, люди приходили ко мне в гостиницу и просили выступить и у них. В тяжелое время людям особенно нужно отвлечься от тяжелых дум. Если все время переживать и волноваться, то долго не выдержишь. С началом войны я добавил к своим правилам еще одно — никогда не отказывался выступать в госпиталях и перед солдатами. Если просили — непременно выступал, невзирая на мою занятость. Выступать перед ранеными мне было очень тяжело. Я сострадательный человек, мне было очень жалко раненых. Некоторые сами не могли идти, их приносили в зал товарищи. Нигде и никогда меня не встречали так тепло, как в госпиталях во время войны. Столько радости было в глазах у раненых! Как они мне аплодировали! И на каждом выступлении, в госпитале или где-то еще, меня спрашивали об одном и том же: когда закончится война? «Скоро закончится, товарищи», — отвечал я делано бодрым голосом. Что еще можно было ответить на этот вопрос?

В середине октября 1941 года я выступал в Алма-Ате. Приехал сюда не только ради выступлений, но и для того, чтобы оглядеться. Эвакуированные в Новосибирск[1] считали, что им не повезло. Все хотели осесть на юге — в Алма-Ате, Ташкенте, Ашхабаде. Где-нибудь, лишь бы на юге, где теплый климат и много фруктов. В Свердловске[2] мечтали о том же самом. Виктор Финк, которого эвакуировали в Свердловск, просто бредил Ташкентом. От него я узнал выражение: «Ташкент — город хлебный». Но самым лучшим местом считалась Алма-Ата, она считалась раем для эвакуированных. Вот я и решил осмотреться — стоит ли мне туда перебираться или не стоит. Признаюсь честно, что ничего «райского» я в Алма-Ате не нашел. Разве что климат там был получше новосибирского. В итоге я решил, что мне вообще нет смысла переезжать. Все равно я не сижу на одном месте, вся жизнь моя проходит в разъездах. Какая мне разница, где я буду прописан — в Алма-Ате или в Новосибирске? Тем более что в Новосибирске было не так много эвакуированных, как в Алма-Ате, оттого бытовые условия были значительно лучше. Когда же я в первый раз приехал в хлебный город Ташкент, то понял, насколько я был прав, отказавшись от мысли о переезде. Ташкент походил на муравейник, потому что туда стремились попасть любой ценой. Город был переполнен, люди жили в ужасной тесноте. Маленькие комнатки перегораживались так, что получалось четыре. Землянки, подвалы, чердаки, сараи — все было занято людьми. Мое новосибирское жилье в Ташкенте считалось бы дворцом, хотя на самом деле это была обычная, правда, довольно просторная комната со всей необходимой мебелью. В Ташкенте и мебели не хватало. Придя в гости к моему приятелю, замеча-

---

[1] Эвакуация населения в СССР в годы Великой Отечественной войны происходила организованно. Люди распределялись по разным тыловым городам и для того, чтобы сменить место пребывания в эвакуации, должны были получить соответствующее разрешение. Иначе они не могли бы устроиться на работу на новом месте и получать карточки на продукты и товары первой необходимости.

[2] Ныне г. Екатеринбург.

тельному художнику Александру Тышлеру[1], я был поражен тем, в каких условиях он живет. Какая-то будка, лачуга, перегороженная на десяток закутков. Поденщики моего отца не стали бы жить в такой. «Мне еще повезло, — сказал Александр. — Хожу не по голой земле, а по деревянному полу, крыша не дырявая». Первое время мы жили в музыкальном училище, в зале. Койки в четыре ряда от стены до стены, кому не хватало коек, спали на полу. Мы прозвали свой зал «караван-сараем». В Ташкенте, как и везде, размещались по рангам. Если в Новосибирске я считался персоной довольно высокого ранга, то в Ташкенте, на фоне всех собравшихся там знаменитостей, был бы в конце списка и жил бы точно в такой же лачуге, что и Александр. У Михоэлса в Ташкенте была комната в общежитии Академии наук, примерно такая же, как у меня в Новосибирске, так его радости не было предела. Но больше всего Михоэлс радовался тому, что его труппа успела уехать из Харькова, где их застала война. «Я не телепат, но мне так не хотелось ехать на эти гастроли, так не хотелось, ты не можешь представить, как мне не хотелось ехать», — то и дело повторял он.

Снабжение в Ташкенте было хуже, а цены на базаре ужасали. Мне там не понравилось. К тому же в Ташкенте у меня украли чемодан, в котором были очень дорогие по военному времени вещи: два хороших костюма для выступлений, несколько галстуков, пара новых, почти неношеных ботинок. Украли нагло, среди бела дня. Я вышел из гостиницы, поставил свои чемоданы на землю, чтобы закурить, и в этот момент какой-то проходящий мимо парень в кепке схватил один чемодан и побежал. Он был сильный, бежал с тяжелым чемоданом в руках очень быстро. О том, чтобы догнать его, и речи быть не могло. Я опешил от такой наглости, даже крикнуть не мог. Несколько секунд —

---

[1] Тышлер Александр Григорьевич (1898—1980) — советский театральный художник, живописец и график. В 1935—1949 годах оформлял спектакли ГОСЕТ (Московского государственного еврейского театра).

и вор скрылся за углом. В чемодане было несколько моих афиш. Представляю, как этот негодяй хвастался дружкам, что обокрал самого Вольфа Мессинга.

В Алма-Ате до меня дошли тревожные новости из Москвы. Говорили, что правительство уже эвакуировалось, что столицу вот-вот сдадут[1]. Все вспоминали войну с французами, когда Москву сдали Наполеону, но войну все же выиграли. Мне было очень больно слушать такие рассуждения. Я чувствовал, что если Москва будет сдана, то и война будет проиграна. Во время войны Москва была не просто столицей. Она была символом, знаменем. Так же, как и Ленинград. Когда фашистов погнали от Москвы, все говорили: «Теперь врагу конец». Но до конца еще было очень далеко.

Во время одного из алма-атинских выступлений я увидел, как будут развиваться события. Я должен был найти спрятанную в зале расческу, но, когда сосредоточился, вместо расчески увидел страшную картину — Сталинград в январе 1943 года. Образы были такими четкими, как будто я смотрел цветную кинохронику. Потом одна хроника сменилась другой. Я увидел парад на Красной площади, увидел, как к Мавзолею бросают нацистские знамена. Я узнал, что война закончится восьмого мая 1945 года, и ужаснулся тому, сколько времени еще она продлится. «Я же говорил, что не найдет!» — радостно сказал один из зрителей, и его слова вернули меня к действительности. Я подошел к зрительнице, у которой в сумочке лежала расческа, и попросил отдать ее

---

[1] Имеется в виду т. н. московская паника 1941 года — паника в столице во время битвы за Москву 15—17 октября 1941 года. Была вызвана принятием постановления «Об эвакуации столицы СССР», предусматривавшего отъезд советского правительства во главе с И.В. Сталиным из Москвы. По Москве распространились слухи, что город сдают немцам, десятки тысяч человек пытались неорганизованно покинуть Москву (шли на восток), не работали промышленные предприятия и транспорт, грабились магазины. Ситуацию осложняли немецкие диверсанты. Для прекращения паники были приняты жесткие меры, разрешавшие расстрел паникеров на месте без суда и следствия. С 18 октября Москва начала жить в обычном режиме.

мне. Сам же думал не о расческе, а о том, что я увидел. Бывают видения, в которых я сомневаюсь, но тогда я был уверен в том, что так оно и будет. Не знаю, откуда берется во мне эта уверенность, но она или есть, или ее нет.

Мне захотелось встретиться со Сталиным и рассказать все ему. Номер, по которому можно было связаться с Поскребышевым, я помнил, но звонить по нему не стал. Почему-то подумал, что Сталин скорее всего уехал из Москвы. И почувствовал, что Сталин скоро сам меня вызовет. Так оно и вышло. Мы встретились в начале ноября, еще до знаменитого парада[1]. Я был очень рад возможности побывать в Москве. Слухи про Москву ходили разные, хотелось своими глазами увидеть город, который успел стать мне родным. Но я ничего не увидел. Я прилетел вечером, улетел рано утром. Город был затемнен, вдобавок в этот раз с аэродрома и на аэродром меня везли в машине с задернутыми шторами. Майор, который меня встречал, думал о семье, которая осталась в оккупированном немцами Минске. Желая хоть немного облегчить его боль, я сказал: «Все будет хорошо. Вы еще увидите жену и дочерей». Это были простые слова утешения, но они оказались пророческими. В 1946 году этот майор, тогда уже полковник, приходил ко мне на выступление с женой и обеими дочерями. Он сказал, что я в прямом смысле слова спас ему жизнь. Он сильно любил свою жену и так сильно переживал, что иногда у него появлялась мысль застрелиться. Я никогда не упускаю возможности утешить или приободрить. Считаю это своим долгом. И если человек страдает от каких-то навязчивых мыслей, я тоже стараюсь ему помочь. Иногда это у меня получается. Психические болезни лечатся внушением, а не таблет-

---

[1] Имеется в виду военный парад в честь 24-й годовщины Великой Октябрьской революции на Красной площади 7 ноября 1941 года. Парад проводился во время Московской битвы, когда линия фронта проходила всего в нескольких десятках километров от столицы, многие подразделения после окончания парада сразу же отправлялись на фронт. Парад имел огромное значение для поднятия морального духа Красной армии и всего советского народа.

ками. Знакомые врачи не раз говорили мне, что я напрасно не стал учиться на врача. Я улыбался и напоминал, где прошла моя молодость, говорил, что у моего отца не было такой возможности. Ценой огромных усилий он отправил меня в иешибот, но я быстро бросил учебу. Я никогда не хотел стать раввином. Изучение Талмуда нагоняло на меня скуку. Врачом я тоже никогда не хотел стать. Возможно, что и зря. Став врачом, я смог бы лучше помогать людям. Но у русских есть хорошая пословица: «Потерявши голову, по волосам не плачут». Поздно уже думать о том, чего я не сделал. Жизнь подходит к концу. Главное для меня сейчас — мой рассказ о себе. Я тщеславен. Все люди в той или иной степени тщеславны. Мне хочется оставить после себя какую-то память, оставить след. Я всегда завидовал писателям, художникам, скульпторам и музыкантам. Они уходят, но остается их след — их произведения. Пусть мои воспоминания станут таким следом. Честным, правдивым следом, который я оставлю после себя. Я пишу медленно. У меня нет опыта в таких делах, и я взвешиваю каждое слово. «Слова не деньги, их надо не считать, а взвешивать», — говорили у нас в Гуре.

# Третья встреча со Сталиным

В этот раз Сталин был совсем другим, не похожим на себя. Он похудел, осунулся, выглядел очень уставшим. Но взгляд у него бы такой же, как и раньше, и ощущение исходящей от него силы было прежним. Наш разговор начался с того, как мне живется в эвакуации. У Сталина была одна черта, которая сразу же к нему располагала. Он часто интересовался, как я живу, не испытываю ли в чем-то недостатка. Когда руководитель Советского Союза интересуется твоими проблемами, это дорого стоит. Такой занятый человек находит время спросить о твоих делах. Я ответил, что устроен хорошо и ни в чем не испытываю нужды, а затем рассказал о том, что увидел во время выступления в Алма-Ате.

— В сорок пятом? — спросил Сталин. — В мае? Мы рассчитываем закончить войну в следующем году. Сорок пятый — это так долго... Вы уверены, товарищ Мессинг?

— Уверен, товарищ Сталин, — ответил я.

Некоторое время мы оба молча курили.

— А что вы можете сказать о том, какой будет послевоенная Европа? — спросил Сталин.

Я понял, что для него это очень важный вопрос. Не менее важный, чем дата окончания войны. Сосредоточившись, я смог дать ответ на этот вопрос. Единственное, о чем я умолчал, — так это о том, что Берлин будет разделен на две части[1]. Тогда, в 1941 году, это казалось мне невероятным. Оказалось, что в жизни случает-

---

[1] Западный Берлин — особое политическое образование, существовавшее в 1949—1990 годах на территории американского, французского и британского секторов оккупации Берлина. Западный Берлин был со всех сторон окружен террито-

ся и невероятное. Берлин станет единым не скоро, только через шестнадцать лет[1]. Если я сейчас скажу, что через семнадцать лет не станет Советского Союза[2], меня сочтут сумасшедшим. Но так будет. Прошу потомков запомнить мои слова. В конце 1991 года Советский Союз распадется. Социализм, который собирается существовать веками, далеко не вечен.

— Вы уверены, что Австрия, Франция и Финляндия не станут социалистическими государствами? — спросил Сталин.

Я ответил, что, судя по увиденному мною, — нет.

— Финляндия непременно должна стать одной из наших республик, — сказал Сталин. — Мы должны посчитаться за сороковой год[3].

Он задал мне еще несколько вопросов менее значительного характера и пошутил, что меня следовало прикрепить к Ставке[4]. Но на самом деле он не считал необходимым оставить меня в Москве при Ставке. Сталин задал еще несколько вопросов, касающихся настроения в тылу. Ему было интересно мое мнение, потому что я побывал во многих местах. Сталин спросил о том, сильно ли изменилось настроение зрителей, которые приходят на мои выступления. Я ответил, что изменилось: все думают о войне. Так оно на самом деле и было. О чем бы в те годы

---

рией просоветской Германской Демократической Республики, которая включала в себя Восточный Берлин, ставший ее столицей.

[1] Вольф Мессинг писал свои мемуары в конце 1973 — первой половине 1974 года.

[2] 26 декабря 1991 года Совет Республик Верховного Совета СССР принял декларацию о прекращении существования СССР в связи с образованием Содружества Независимых Государств (СНГ).

[3] Имеется в виду советско-финская война 1939—1940 годов — вооруженный конфликт между СССР и Финляндией в период с 30 ноября 1939 года по 12 марта 1940 года. Советско-финская война стала одним из факторов, определившим сближение Финляндии с гитлеровской Германией.

[4] Имеется в виду Ставка Верховного главнокомандования (СВГК) — чрезвычайный орган высшего военного управления, осуществлявший в годы Великой Отечественной войны стратегическое руководство всеми вооруженными силами СССР.

ни думали люди, их мысли сворачивали на войну. Редко кто не думал о войне. «Мы сейчас живем другой жизнью», — сказал мне в 1942 году писатель Михаил Шамбадал[1]. Он очень точно выразился. Все мы действительно жили другой жизнью. Военной жизнью. Каждый день мы ждали новой сводки Информбюро[2]. Почти у всех были карты, на которых отмечалась линия фронта. У меня карты не было, я держал ее в памяти. Фронтовики были желанными гостями в любой компании. Те, кто трудился в тылу, старался сделать для фронта как можно больше. Я часто выезжал выступать близко к линии фронта. Там была своя, особая жизнь.

Сталин спросил, где я планирую встречать Новый год. Я ответил, что пока еще не знаю. «Знаете, когда закончится война, но не знаете, где будете встречать Новый год?» — не то в шутку, не то всерьез удивился Сталин. Иногда я не мог понять, шутит ли он или говорит серьезно. Я попытался понять, где я встречу Новый год. Я увидел себя в военном самолете, в таком же, как и тот, что привез меня в Москву. Я ответил, что буду встречать Новый год в небе. Так и было. Вечером 31 декабря 1941 года я вылетел из Новосибирска в Москву к Сталину и Новый год встречал в небе. Встреча была символической. Я мысленно выпил бокал вина, поздравил себя с Новым годом и сам себе подарил подарок — почувствовал, что мое одиночество скоро закончится. Не совсем скоро, через два с половиной года, но с учетом сорока двух прожитых мною лет этот срок был не так уж и велик. К тому же стоило мне только понять, что моему оди-

---

[1] Шамбадал Михаил Абрамович (1891—1964) — советский писатель, поэт, переводчик с идиша, журналист, фельетонист. Получил известность как переводчик произведений Шолом-Алейхема. Во время Великой Отечественной войны находился в эвакуации в Чистополе, где работал на местной радиостанции и выступал с фельетонами.

[2] Советское информационное бюро (1941—1961) — информационное ведомство в СССР, образованное при СНК СССР 24 июня 1941 года.

ночеству придет конец, что я встречу женщину, которая назначена мне судьбой, как время сразу же потекло быстрее. Тоска сильно замедляет ход времени. Уходит тоска — и время начинает двигаться быстрее. Тогда я еще многого не знал об Аиде, но знал самое главное. Я знал, что мое одиночество не будет длиться вечно. Надежда окрылила меня. «Надежда заменяет еврею счастье», — говорили у нас в Гуре.

# Четвертая встреча
## со Сталиным

Вылетел из Новосибирска я 31 декабря 1941 года, а в Москву прилетел 1 января 1942 года. Увидев Сталина, я сразу же понял, что на этот раз у нас пойдет особенный разговор. Я не ошибся. Сталин начал с того, что спросил, хорошо ли я зарабатываю. Я ответил, что очень хорошо, гораздо больше, чем могу истратить. Так оно и было. У меня довольно скромные потребности. Расходы мои невелики. Единственная «роскошь», которую я себе позволяю, — это хорошие одежда и обувь. Но на самом деле это не роскошь, а необходимость. Если выступаешь перед людьми, то обязан выглядеть хорошо. В годы войны было очень трудно купить хорошую материю на костюм. Приходилось сильно переплачивать. Если учесть, что я пользовался услугами хороших портных, костюм становился поистине золотым. Еще труднее было с обувью. Готовую обувь в войну было не купить, разве что сапоги. К тому же у меня такие ноги, что в готовой обуви мне трудно ходить. Обувь мне тоже пришлось шить на заказ. У меня даже были колодки, по которым мне ее шили. Колодки сделал незадолго до войны замечательный обувной мастер Яков Гуревич. Они прослужили мне двадцать лет, потом пришлось заказать новые. Если хорошую материю на костюм было трудно достать, то достать шевро[1] было совсем невозможно. Сорочки тоже приходилось шить на заказ, потому что к хорошему костюму плохую сорочку не наденешь. Одежда и обувь обходились мне дорого,

---

[1] Шевро (*фр.* chevreau — «козленок») — мягкая кожа хромового дубления, первоначально выделываемая из шкур коз. Отличается малой эластичностью, применяется для пошива галантерейных изделий и обуви.

во всем остальном расходы мои были весьма скромны. Деньги копились на сберкнижке. Время от времени я удивлялся тому, сколько их там набралось. Хорошо, думаю, это мне на послевоенное обзаведение. Тогда я собирался после войны приобрести дом недалеко от Москвы, и непременно с фруктовым садом. Не иначе как сказались мои детские воспоминания. Я мечтал об этом довольно продолжительное время, но потом осознал, что при моем образе жизни я не смогу ни ухаживать за садом, ни наслаждаться им, ведь дома я бываю не более двух месяцев в году. Странно. В детстве я ненавидел собирать яблоки, а тут вдруг потянуло любоваться садом из окна, ходить по нему, срывать яблоки с дерева и сразу же съедать. Это меня-то, который стал типичным городским жителем. Впоследствии профессор Лурия[1], с которым мы познакомились во время моего выступления у него в госпитале, объяснил мне, в чем дело, откуда взялась мысль о доме с садом. Оказывается, так проявило себя мое желание иметь свой дом, иметь семью. Я невольно стал мечтать о том, что сохранилось в моей памяти с детства как образ семьи, — о доме. Когда я спросил, при чем тут сад, ведь сады в моем детстве были не местом прогулок, а местом тяжелой работы, профессор начал подробно расспрашивать меня о моем детстве. «Сад, работа — это было единственное, что по-настоящему объединяло всю вашу семью, — сказал он. — Поэтому, мечтая о семье, полноценной, дружной семье, вы видите сад». Александр Романович Лурия — прекрасный специалист, не преувеличу, если назову его лучшим психологом в Советском Союзе. Он за несколько минут сумел понять про меня то, чего я сам понять не мог.

«Гораздо больше того, чем вы можете истратить?» — повторил Сталин. У него была привычка повторять слова собеседника. Он

---

[1] Александр Романович Лурия (1902—1977) — советский психолог, основатель отечественной нейропсихологии. С августа 1941 по октябрь 1944 года был главным врачом крупного нейрохирургического госпиталя № 3120 в поселке Кисегач Каслинского района Челябинской области.

повторял их с другой интонацией, словно пробовал их на вкус. И при этом смотрел в глаза. Были моменты, когда я подозревал, что Сталин тоже умеет читать мысли. Возможно, не так хорошо, как я, но умеет. Я так и не пришел к определенному выводу. Пока Сталин был жив, я склонялся к тому, что он все-таки умеет. Но если умел, почему же тогда не понимал, что его окружает столько недоброжелателей? Или политика — такое дело, в котором доброжелателей быть не может? Есть только союзники, и все политические союзы — дело временное? Или с возрастом Сталин стал более доверчив? Говорят, что на самом деле все было наоборот, с возрастом он становился все более подозрительным. Или Сталин умел читать только те мысли, которые лежат «на поверхности», а весь спектр мысленной деятельности был для него недоступным? Не знаю. Но были моменты, когда я был убежден в том, что Сталин умеет читать мысли.

— Да, товарищ Сталин, — ответил я, уже поняв, к чему идет разговор. — В Советском Союзе мне созданы прекрасные условия для работы. Я много выступаю, много зарабатываю и считаю своим долгом в трудную минуту помочь стране, которая стала моей второй родиной!

На родном языке[1] пишу я гладко, но на русском, да еще и в состоянии волнения, да еще после длинного перелета, я изъяснялся сбивчиво. Но смысл сказанного мною был таким. По взгляду Сталина, даже не читая его мысли, я понял, что ответил правильно. То было еще одно испытание, и я его прошел.

— Я хочу отдать все свои сбережения на нужды фронта! — сказал я.

— Оставьте немножко на папиросы, — пошутил Сталин. — А за остальное родина скажет вам спасибо. Мы вчера говорили с товарищами о том, что сейчас все советские люди должны помогать фронту. Кто чем может. Хоть копейкой, хоть рублем.

---

[1] Вольф Мессинг писал свои мемуары на идиш.

Только почему вы называете Советский Союз вашей второй родиной? Родина у человека может быть только одна.

«Ох, Вевлеле, — сказал себе я, — ты забыл, что слова не считают, а взвешивают. Одним неосторожным словом ты все испортил. Правильно говорят, что человек может сам сделать для себя то, чего ему не смогут сделать и десять врагов...» Когда началась эта проклятая «борьба с космополитами», то фраза о том, что родина у человека может быть только одна, звучала часто. Всякий раз, услышав ее, я вспоминал тот самый разговор со Сталиным. Я напряженно старался придумать какой-нибудь умный или даже остроумный ответ, который помог бы мне выйти из трудного положения. Но мой язык устроен так, что поставить меня в неловкое положение он может, а вывести — нет. Я начал оправдываться, сказал, что не так выразился. Объяснения мои вряд ли звучали убедительно, но мне повезло. Сталин был настроен благодушно. Видимо, его порадовали фронтовые новости или же встреча Нового года улучшила настроение. От него немного пахло спиртным. «Во всем виноват Тухачевский, — неожиданно сказал Сталин. — Если бы он в двадцатом году сделал все правильно, у вас была бы одна родина». Сделав небольшую паузу, которая понадобилась ему для того, чтобы раскурить трубку, Сталин спросил, курю ли я трубку или только папиросы. Я ответил, что курю трубку только дома, потому что на людях мне проще курить папиросы. На самом деле к трубке я прибегал тогда, когда хотел успокоиться или сосредоточиться. Трубка успокаивает, отрешает от мира. Не только во время курения. Как только я начинаю набивать трубку, я начинаю успокаиваться. «Если вы, товарищ Мессинг, собираетесь подарить родине самолет или танк, — сказал Сталин, — то я должен сделать вам ответный подарок. Так принято у нас в Грузии». Я не говорил о том, что собираюсь подарить фронту танк или самолет. Я не имел понятия о том, сколько они стоят. Я не назвал Сталину сумму, хранившуюся у меня на книжке. Я только сказал, что отдам все мои сбережения. Но Сталин уже знал, что их хватит на самолет или танк. В результате это оказался самолет. Деньги я отдал в январе 1942 года, а торжественная передача самолета и благодарственная телеграмма от Сталина были только в 1944 году. Мне кажется, что какой-то чиновник затерял бумаги, касающиеся моего пожертвования, и только спустя два года спохватились: Мессинг передал деньги на самолет, а где сам самолет? Меня нашли, привезли на аэродром, сфотографировали около какого-то самолета. Если самолет — подарок, то он должен быть новым, а тот, возле которого нас с летчиком фотографировали, был совсем не новым. Это было понятно даже мне, человеку, далекому от авиации и вообще всей техники. Только надпись на самолете была новенькой. Меня в ней назвали «советским патриотом». Подарок от советского патриота Вольфа Мессинга. Это была очень деликатная надпись. Обычно писали: «от колхозника» или «от артиста». Но я совсем не артист, хоть и имею звание заслуженного артиста. Писать «от телепата» было бы неуместно. Поэтому написали так, как написали. В 1944 году я подарил фронту еще один самолет. Для нашей победы мне не было жаль ничего, в том числе и денег. Я считал, что если сам не сражаюсь на фронте, то должен всячески ему помогать.

Сталин ненадолго вышел из кабинета (мы встречались все там же, на его даче) и вернулся с новой трубкой. То была хорошая трубка из вишневого корня. Я курю ее не часто, и она служит мне до сих пор. В последнее время я только любуюсь на нее, потому что врачи запрещают мне курить совсем. «Мои земляки подарили, — сказал Сталин, передавая мне трубку. — Вишня. Грузией пахнет. Возьмите». Я взял трубку и понюхал ее. Она была сделана из идеально высушенного дерева, но приятный аромат можно было уловить. При упоминании о Грузии губы Сталина дрогнули, как будто хотели растянуться в улыбку. Под усами это было почти незаметно, но у меня натренированный взгляд, я замечаю все, любую мелочь. Я понял, что Сталин скучает по Грузии.

Потом Сталин стал задавать мне вопросы. В тот раз его интересовала расстановка людей в правительствах Германии, Англии и Америки. Останется ли Гитлер у власти до конца войны? Останутся ли на своих постах Рузвельт[1] и Черчилль[2]? Были еще вопросы. Сталин задавал вопрос и оставлял меня в покое. Он уже знал, что редко когда я могу ответить сразу. Сталин сидел за столом, курил и просматривал бумаги. Он ни секунды не мог сидеть без дела. Когда ответ был готов, я отвечал или говорил, что не могу ответить. Мне запомнились слова Сталина, сказанные про Рузвельта. Когда я сказал, что Рузвельт не доживет до конца войны, умрет в апреле 1945 года, Сталин сказал: «Значит, надо будет договориться заранее». Тогда я не понял, что он имеет в виду. Догадался уже после войны. Сталин подумал о том, что договариваться об устройстве послевоенной Европы надо еще во время войны, пока Рузвельт жив. Рузвельт хорошо относился к Советскому Союзу. Он был прагматик и воспринимал мир таким, какой он есть. Это я не увидел, я не мог такого увидеть. Об этом мне говорил знакомый дипломат, заведующий протокольным отделом МИДа[3]. Пришедший на смену Рузвельту Трумэн[4]

---

[1] Франклин Делано Рузвельт (1882–1945) — 32-й президент США, одна из ключевых фигур мировых событий первой половины XX века. Рузвельт возглавлял США во время глубокого экономического кризиса 1929–1933 годов (т. н. Великой депрессии) и во время Второй мировой войны. Рузвельт был единственным американским президентом, избиравшимся на четыре срока.

[2] Уинстон Леонард Спенсер-Черчилль (1874–1965) — британский государственный и политический деятель, премьер-министр Великобритании в 1940–1945 и 1951–1955 годах.

[3] Возможно, речь идет о Федоре Федоровиче Молочкове (1906–1986) — видном советском дипломате. В 1941–1950 годах он был заведующим протокольным отделом Наркомата (с 1946-го — министерства) иностранных дел СССР.

[4] Гарри Трумэн (1884–1972) — американский политик, 33-й президент США в 1945–1953 годах, от Демократической партии. В ноябре 1944 года Франклин Рузвельт перед президентскими выборами остановился на кандидатуре Трумэна на пост вице-президента. 12 апреля 1945 г. после смерти Рузвельта его полномочия перешли к Трумэну. Трумэн считал, что Рузвельт на конференции в Ялте в феврале 1945 года пошел на слишком большие уступки Сталину. В августе 1945 года Трумэн был инициатором атомной бомбардировки Хиросимы и Нагасаки. Трумэн

Вольф Мессинг ведет сеанс телепатии

Во время одного из психологических сеансов

относился к Советскому Союзу гораздо хуже. Но Сталин успел договориться обо всем с Рузвельтом и Черчиллем в Ялте[1].

После того как я ответил на последний вопрос, Сталин пригласил меня к столу. Уже рассвело. Я чувствую время без часов, знаю, когда рассветает и смеркается, даже при задернутых портьерах. Это мое врожденное свойство. Я мог бы обходиться без часов, но я очень люблю часы. По моему мнению, часы — это самый нужный прибор, который придуман людьми. Одно время, вскоре после кончины моей жены, я начал собирать коллекцию часов. Просто так начал, чтобы хоть чем-то отвлечься. Но очень скоро мою квартиру обокрали. В числе похищенного были и мои часы. Я понял, что это знак свыше. Незачем собирать коллекцию, если тебе некому ее оставить. Незачем копить деньги, если у тебя нет наследников. У меня нет детей, но часть заработанных денег я перечисляю детским домам. Мне это доставляет удовольствие.

Праздничный стол у Сталина был на удивление скромным. Рыба, курица, простой сыр, острая кавказская ветчина. Никаких деликатесов. Почти все блюда были грузинскими, Сталин с удовольствием знакомил меня с ними. Роль гостеприимного хозяина ему нравилась. Разговор перешел на Тбилиси. Сталин начал спрашивать, что я успел там увидеть. Я успел увидеть мало, потому что война вмешалась в мои планы и вынудила меня срочно уехать. «А вы поезжайте сейчас, — посоветовал Сталин. — Я скажу Кандиду, чтобы он организовал вам достойную встречу». Кандидом звали Первого секретаря ЦК Грузии Чарквиани[2]. Я последо-

---

был сторонником создания военного блока НАТО (создан 4 апреля 1949 года) и вместе с Черчиллем — инициатором начала т. н. холодной войны.

[1] Ялтинская (Крымская) конференция союзных держав (4—11 февраля 1945 года) — вторая, после тегеранской, трехсторонняя встреча лидеров стран антигитлеровской коалиции во время Второй мировой войны, посвященная обсуждению вопросов послевоенного мирового порядка. Конференция проходила в Ялте, в Ливадийском дворце.

[2] Кандид Нестерович Чарквиани (1907—1994) — советский партийный деятель. С 31 августа 1938 года по 2 апреля 1952 года — Первый секретарь ЦК КП(б)

вал совету Сталина и в сентябре 1942 года приехал в Тбилиси. Это было очень сложное время. Бои шли на Кавказе, немцы рвались в Закавказье, но их туда не пустили. Чарквиани организовал мне такую встречу, которая запомнилась мне на всю жизнь. То был истинный пример кавказского гостеприимства. В 1955 году мы встретились с Чарквиани в Ташкенте. Я попытался пригласить его в ресторан, но он сказал, что приглашать должны хозяева, а не гости. Этот человек и в Ташкенте, куда попал не совсем по своей воле, считал себя обязанным оказывать гостеприимство.

За все время нашего общения со Сталиным я получил от него два подарка — трубку и телеграмму, в которой он благодарил меня за переданный фронту самолет. Эта телеграмма стала моим талисманом. Думаю, что в первую очередь благодаря ей я не пострадал во время борьбы с космополитизмом. Мои выступления продолжались, несмотря ни на что. Они продолжались даже тогда, когда закрывались еврейские театры, когда евреи начали менять свои фамилии на русские, а я продолжал выступать под своей.

Во время войны Сталин вызывал меня к себе два-три раза в год. После войны мы стали встречаться реже. Рассказывать подробно обо всех наших встречах я не вижу необходимости. Только о двух послевоенных немного позже расскажу подробнее.

---

Грузинской ССР. Был снят с этого поста в связи с т. н. «Мингрельским делом» — уголовным делом, заведенным в ноябре 1951 года органами Государственной безопасности Грузинской ССР в отношении руководящих работников, выходцев из Мингрелии, по обвинению в национализме и ориентации на буржуазную Турцию. Сам Чарквиани не был мингрелом, но его обвинили в попустительстве «мингрельским заговорщикам». В 1953—1958 годах Чарквиани работал в Ташкенте управляющим строительным трестом.

# Хрущев

Мое знакомство с Никитой Сергеевичем Хрущевым произошло в конце марта 1943 года. Незадолго до того исчез сын Хрущева Леонид[1], военный летчик. Он вылетел на боевое задание и не вернулся обратно. Хрущева очень беспокоила судьба сына. Предпринятые поиски не дали результатов. Искать приходилось на оккупированной врагом территории, поэтому поиски были затруднены. Тело Леонида не было найдено. Хрущев и верил в то, что его сын спасся, и не верил. Он очень любил Леонида. Тот напоминал ему о рано умершей жене и был первенцем[2]. Говорят, что первого ребенка родители любят сильнее, чем остальных. Хрущев хотел точно узнать о судьбе сына. Оплакать его, если он мертв, и попытаться спасти, если он жив.

Сначала я думал, что меня вызвал Сталин. Самолет из Ашхабада (за мной приехали сразу же после моего выступления перед сотрудниками киностудии)[3] прилетел в Москву, но с аэродрома меня повезли не на дачу Сталина, а в Кремль. Оказалось, что меня хотел видеть Хрущев. Несмотря на свое горе, он держался хорошо. Начал с того, что слышал обо мне и давно хотел со мной познакомиться, спросил про мои дела и только после этого

---

[1] Леонид Никитович Хрущев (1917—1943) — советский военный летчик, гвардии старший лейтенант ВВС. Сын Н.С. Хрущева от первого брака с Ефросиньей Ивановной Писаревой, умершей от тифа в 1920 году. Погиб в воздушном бою 11 марта 1943 года.

[2] Вольф Мессинг ошибается. Первым ребенком Н.С. Хрущева и Е.И. Писаревой была Юлия Никитична Хрущева, родившаяся в 1916 году.

[3] В столицу Туркменской ССР Ашхабад в годы войны были эвакуированы Московская и Киевская киностудии.

спросил про Леонида. Хрущев мне понравился. Он вызывал простую человеческую симпатию. Общаться с ним было легко. Он располагал к общению. Наверное, то был единственный человек из советского руководства, с которым мне было легко общаться. Я не ожидал от Хрущева какого-то подвоха, от него не исходило чувство опасности. В нашу первую встречу он не был похож на руководителя высокого ранга. Передо мной сидел убитый горем человек, и мне так сильно захотелось ему помочь, будто бы он был моим родственником или близким другом. Хрущев передал мне фотографию сына, хоть в этом и не было необходимости. Образ сына был в его мыслях. Еще не получив фотографию, я знал, как выглядит Леонид. Но мог бы и не знать. Не столько важен внешний облик, сколько мысленная связь, которая тянется от одного человека к другому. Этими связями связаны родные, любящие и вообще все люди, часто вспоминающие друг о друге. Я сосредоточился (в тот раз я очень легко достиг нужного состояния, потому что сильно хотел помочь) и увидел взрывающийся в небе самолет. Я стараюсь не сообщать людям плохие вести, стараюсь не лишать их надежды, потому что на собственном опыте знаю, что такое надежда и насколько она ценна. Но в тот момент надо было говорить правду. Я должен был сказать Хрущеву то, что увидел. «Ваш сын погиб, — сказал я, глядя в глаза Хрущеву. — Самолет взорвался в воздухе, и тела сына вы никогда не найдете». Мне очень трудно было произнести эти слова, но я их произнес твердо, потому что был совершенно уверен в том, что увидел, и понимал, что лгать нельзя. Хрущев воспринял мои слова с облегчением. Хрущева больше страшила мысль о том, что его сын мог оказаться в руках врага, нежели его смерть. Его можно было понять. Нацисты творили ужасные вещи с теми, кто попадал к ним в руки. Слушая рассказы об их зверствах, я не мог поверить в то, что это делают немцы, считавшие себя одной из самых культурных наций Европы. Начиная с середины тридцатых годов я не обольщался в отношении нацистов. Но год от года они творили все более ужасные злодейства. Среди моих знакомых есть несколько бывших узников концлагерей. Мне страшно слушать их рассказы, я всякий раз думаю о своих родных, о том, что им довелось пережить.

— Вы уверены? — спросил Хрущев.

Я молча кивнул. Человек слаб и идет на поводу у своих чувств. Мне захотелось сказать, что я иногда ошибаюсь, но в тот раз я был уверен, что не ошибся, поэтому я промолчал.

— Спасибо вам, — с чувством сказал Хрущев. — Любая определенность лучше неопределенности. Скажите, у вас есть дети?

Я ответил, что у меня нет детей и вообще никого нет. Видимо, печальная история моей семьи не была известна Хрущеву. В двух словах я рассказал о том, что с сентября 1939 года не имею известий о своих родных и невольно думаю о худшем, потому что их судьба мне неизвестна. Сколько я ни пытался, она мне не открылась.

Раз уж начал писать о Хрущеве, то напишу сразу все о наших встречах с ним. Я уже понял, что воспоминания надо писать не по какой-то системе и не по календарю. Надо писать о том, о чем сейчас думаешь, о том, что вспомнилось в данный момент.

Хрущев и муж его дочери Рады Алексей Иванович Аджубей относились ко мне хорошо. Аджубей интересовался моими способностями. По его инициативе я встречался с известными психологами, но никто из них, к сожалению, не смог прояснить природу моих способностей. Мои первые воспоминания, в которых вымысла больше, чем правды, изначально были идеей Аджубея. Но когда после снятия Хрущева карьера Аджубея закатилась, к моим воспоминаниям изменилось отношение. В результате получилось не документальное свидетельство обо мне, а нечто такое, о чем мне и вспоминать не хочется. Но я не ропщу. Наверное, если бы не было моих первых «мемуаров», я бы не заставил себя сесть за те, которые пишу сейчас. Не так плохо, когда после человека не остается ничего, чем когда остается неправда.

Я рад, что у меня есть возможность исправить ошибку, которую на самом деле совершил не я. Совершил не я, а исправлять приходится мне. В жизни так часто бывает. Мы расплачиваемся за чужие ошибки и пытаемся их исправить.

Во время войны я больше не видел Хрущева. Только иногда встречал его имя в газетах и слышал по радио. И после войны мы долго не встречались. Я уже думал, что после смерти Сталина, Берии и Абакумова обо мне там, наверху, позабыли. Признаюсь честно, это меня радовало. Мне нечего было искать наверху, я не жаждал ни наград, ни каких-то льгот. Я спокойно жил и спокойно работал. Спокойствие я очень ценю. Счастливая жизнь в моем понимании — это спокойная жизнь. Но, как оказалось, обо мне не забыли. Во второй раз я встретился с Хрущевым в конце октября 1962 года. На следующий день, в пятницу[1], мне предстояло выступление перед преподавателями и студентами МВТУ[2]. Таких зрителей я называю «академической публикой», к выступлениям перед ними готовлюсь особо тщательно и стараюсь назначать их на пятницу. Пятница — мой счастливый день. Для «академической публики» я готовлю более широкую программу, ввожу в нее новые эксперименты. Возможно, один из секретов моего успеха в том, что я всегда готовлю свое выступление с учетом публики. Нельзя выступать с одной и той же программой и перед шахтерами, и перед солдатами, и перед учеными. Как выражался мой импресарио Леон Кобак, «публику надо чувствовать». Так оно и есть. Я всегда об этом помню.

Я засиделся за столом до глубокой ночи, обдумывая свое завтрашнее выступление. К тому времени я уже два года как овдовел. Если бы Аида была жива, она непременно уложила бы меня спать. Аида старалась следить за тем, чтобы я соблюдал режим.

---

[1] Вольф Мессинг не указывает дату, но можно с уверенностью предположить, что речь идет о пятнице 26 октября 1962 года.

[2] Ныне — Московский государственный технический университет имени Н.Э. Баумана.

Когда ее не стало, обо мне уже никто не заботился. Мне доставались не забота, а одни лишь упреки[1]. Я не перестаю удивляться тому, насколько разными бывают родные по крови люди. Насколько я не похож на своих братьев, настолько же и другие люди не похожи на их братьев и сестер. В чем тогда смысл родства? В ощущении каких-то незримых связей между родными? Увы, я в полной мере ощутил эту связь лишь тогда, когда остался один. Порой я думаю, что мое одиночество есть не что иное, как наказание за мое легкомыслие и за мой эгоизм. За то, что в свое время я считал, что лучше уж выступлю где-то лишний раз, чем навещу отца или встречусь с братьями. Как же мне хочется сейчас исправить все те ошибки, которые я совершил в своей жизни! Если бы только была возможность! Если бы только... Но такой возможности нет. Можно только позавидовать тем, кто верит в бесконечную череду перерождений. Их поддерживает надежда на то, что в следующей жизни они смогут сделать то, чего не успели в этой, смогут исправить свои ошибки. У меня такой возможности нет. Мне остается только раскаиваться и скорбеть.

Итак, в тот октябрьский день 1962 года я сидел за столом и работал, когда услышал звонок в дверь. Два длинных настойчивых звонка. Мои гости так не звонили. Я сразу же догадался, что со мной хочет встретиться Хрущев. Мог бы подумать о ком-то еще, но не подумал. Второй звонок еще не успел прозвучать до конца, а я уже надевал пиджак. Посланец Хрущева был довольно молодым и очень вежливым человеком. Его вежливость простиралась настолько, что он даже спросил, могу ли я поехать с ним прямо сейчас. «Вас хочет видеть Никита Сергеевич», — сказал он. Меня

---

[1] После смерти Аиды Михайловны Мессинг-Рапопорт вместе с Вольфом Мессингом жила ее старшая сестра Ираида Михайловна. По свидетельству современников, отношения между Мессингом и Ираидой Михайловной в тот период испортились. Ираида Михайловна обвиняла Мессинга в том, что он не чтит должным образом память покойной супруги, требовала от него ежедневно бывать на ее могиле и создавала в доме тяжелую атмосферу. О Мессинге, за годы супружеской жизни привыкшем к женской заботе, Ираида Михайловна совершенно не заботилась.

никогда не спрашивали о том, могу ли я поехать. Говорили: «Вам надо ехать». Да и «Никита Сергеевич» без упоминания должности и фамилии прозвучало совсем по-домашнему. Можно было подумать, что кому-то из моих приятелей захотелось повидаться со мной и он прислал за мной своего водителя.

Меня привезли на загородную дачу, но не на сталинскую, а на другую. Хрущев беседовал со мной не один. При нашей встрече присутствовал секретарь ЦК Козлов[1]. Он ничего не говорил, только слушал. Все знали, что Хрущев доверяет Козлову как себе самому и видит в нем своего преемника. Выражение лиц у обоих было напряженным. Я отметил про себя, как сильно постарел Хрущев. По фотографиям в газетах это не было так заметно.

«Сложилось тяжелое положение, — без предисловий начал Хрущев. — Мы стоим на грани войны с Америкой[2]. Мы не хотим

---

[1] Фрол Романович Козлов (1908—1965) — советский партийный и государственный деятель. Член ЦК КПСС в 1952—1965 годах. Член Президиума ЦК КПСС в 1957—1964 годах, кандидат в члены Президиума ЦК КПСС в 1957 году, первый заместитель Председателя Совета Министров СССР в 1958—1960 годах, секретарь ЦК КПСС в 1960—1964 годах. Козлов решительно поддержал Хрущева в борьбе с «антипартийной группой» Маленкова — Молотова — Кагановича. Пользовался доверием Хрущева. После избрания секретарем ЦК КПСС в мае 1960 года фактически являлся вторым после Хрущева человеком в Президиуме ЦК КПСС. Хрущев поручал Ф.Р. Козлову руководить работой Президиума на время своего отсутствия в Москве. Хрущев не скрывал, что видел в Козлове своего преемника на посту главы СССР. Впервые он заявил об этом в июне 1959 года в беседе с приезжавшим в Москву представителем президента США Авереллом Гарриманом, а впоследствии неоднократно это повторял. В апреле 1963 года Козлов перенес геморрагический инсульт, после которого уже не мог исполнять свои обязанности. Вместо него «правой рукой» Хрущева стал Л.И. Брежнев.

[2] Имеется в виду т. н. Карибский кризис — крайне напряженное политическое, дипломатическое и военное противостояние между СССР и США в октябре 1962 года. Это противостояние было вызвано тайной переброской и размещением на Кубе советских военных частей, техники и вооружения, в том числе и ракет с ядерными боеголовками. Американцы в ответ объявили блокаду Кубы. Кризис мог привести к глобальной ядерной войне. По приказу Хрущева был произведен демонтаж советских ракетных установок и вывод их с территории Кубы. Американцы, в свою очередь, сняли блокаду. Карибский кризис стал переломным моментом в холодной войне, положив начало разрядке международной напряженности.

войны, но уступать тоже не можем. Если мы сейчас отдадим Кубу, завтра придется отдать Венгрию[1]. Американцы тоже не хотят уступать. Вы можете узнать, что на уме у Кеннеди[2]?» «Не могу, — ответил я. — Я не умею читать мысли на таком расстоянии. Мне надо видеть человека, держать его за руку. Даже если Кеннеди находился бы в соседней комнате, я бы и тогда не смог узнать, о чем он думает». Хрущев переглянулся с Козловым. «Но мы не можем отправлять вас в Америку! — раздраженно сказал он. — И вряд ли Кеннеди позволит вам держать себя за руку!» Говоря эти слова, Хрущев напряженно думал о том, какое решение ему принять. Ему не хотелось упускать ни одного преимущества, которое давала Куба, но в то же время он боялся войны. И еще он боялся, что уступка Кеннеди может привести к его отставке[3].

В то время о Кубе в газетах и журналах писали очень много. Еще два года назад о Кубе ничего не было слышно. Но вдруг туда поехал Микоян[4], и началось: Куба, Фидель Кастро, Че Гевара, венсеремос[5], барбудос[6]... Я прекрасно умею читать между строк и сразу же понял, как будут развиваться события. Для этого не

---

[1] Намек на Венгерское восстание 1956 года (23 октября — 9 ноября), направленное против просоветского режима народной республики и подавленное советскими войсками.

[2] Джон Фицджеральд Кеннеди (1917—1963) — американский политик, 35-й президент США (1961—1963). 22 ноября 1963 года во время визита в Даллас (штат Техас) Кеннеди был смертельно ранен из снайперской винтовки на одной из центральных улиц города. Стрелявший в Кеннеди Ли Харви Освальд был задержан. Двумя днями позже во время транспортировки из полицейского управления в окружную тюрьму Освальд был застрелен владельцем ночного клуба Джеком Руби. В убийстве Джона Кеннеди остается много неясного.

[3] В октябре 1964 года Н.С. Хрущев был освобожден от всех партийных и государственных постов и отправлен на пенсию. Среди вменявшихся ему в вину ошибок, касавшихся внешней политики, был и Карибский кризис. В официальном сообщении говорилось об отставке Хрущева по причине возраста и ухудшившегося состояния здоровья.

[4] Анастас Иванович Микоян (1895—1978) — советский государственный и политический деятель. Занимал ряд высоких постов. С февраля 1955 года по июль 1964 года был Первым заместителем Председателя Совета Министров СССР.

[5] Venceremos (*исп.*) — «мы победим».

[6] Прозвище кубинских революционеров (от *исп.* barbudos — «бородачи»).

нужно было быть Вольфом Мессингом, нужно было просто подумать. За годы войны я поневоле стал разбираться в военной стратегии. Если в течение четырех лет каждый день слушаешь сводки Информбюро и смотришь на карту, то кое-что начнешь понимать. У нас в Гуре говорили: «Кошка меламеда тоже меламед». Однажды я сказал Юрию Левитану[1], что он прочел мне цикл лекций по военному делу. И не только мне, но и всему советскому народу.

С каждым днем о Кубе писали все больше, и все громче звучало: «Не позволим империалистам задушить кубинскую революцию!» У меня есть привычка начинать день с чтения газет. Если меня что-то беспокоит, я думаю об этом. Когда я читаю в газетах, что у маленькой Кубы есть могучие друзья, я сразу же думаю о том, будет война или нет. Чем старше человек становится, тем сильнее дорожит он миром и покоем, тем больше боится войны. А страх обостряет чувствительность. Я много размышлял о Кубе и понял, что из-за нее войны с Америкой у нас не будет. Хрущева больше всего беспокоило, будет ли война, но он спросил меня не об этом, а о том, что думает Кеннеди. Мне же не хотелось демонстрировать напоказ, что я читаю мысли Хрущева. Поэтому я ждал, когда он задаст мне следующий вопрос.

«Вы в курсе того, что сейчас происходит на Кубе?» — спросил Хрущев. «Да, я читаю газеты», — ответил я. «В газетах всего не пишут!» — сказал Хрущев и снова переглянулся с Козловым. «Дело в том, что мы поставили на Кубе ракеты средней дальности! Почему американцы могут держать ракеты возле наших границ, а нам нельзя? Вот так мы рассуждали. Ракеты — лучшая защита Кубе, с ракетами американцы ее не задушат!» Я передаю

---

[1] Юрий Борисович Левитан (1914—1983) — диктор Всесоюзного радио, диктор Государственного комитета СМ СССР по телевидению и радиовещанию, обладатель редкого по выразительности голоса. Народный артист СССР (1980). В годы Великой Отечественной войны читал сводки Советского информбюро и приказы Верховного главнокомандующего И.В. Сталина.

его слова вкратце, потому что, в отличие от Сталина, Хрущев говорил длинно, повторяя одно и то же. Он употреблял много простонародных выражений, некоторые из них я не понимал. Но если речь его была иногда непонятна, то мысли я читал легко.

«Будет ли война?» — спросил меня Хрущев, закончив разъяснять обстановку.

«Войны не будет, Никита Сергеевич, — ответил я. — Американцы не рискнут начать войну...» Тут я замолчал, потому что не мог произнести: «Вы уберете ракеты с Кубы». Получилось бы так, будто я указываю Хрущеву, как он должен поступить. Хрущев бы этого не стерпел. Надо было подать мою мысль таким образом, чтобы она его не задела. Но как это сделать? Я легко управляюсь с мыслями, но трудно подбираю слова для их выражения. Я пишу свои воспоминания медленно. Напишу одну фразу, прочту ее, подумаю над следующей. И это в спокойной обстановке. А тогда передо мной сидели два руководителя Советского Союза и ждали, когда я договорю до конца.

Иногда будущее открывается мне сразу, иногда по частям, иногда не открывается вовсе. «По частям» — это когда, возвращаясь к какой-то мысли, видишь то, чего не увидел в прошлый раз. Умственное напряжение перенесло меня в какой-то незнакомый мне зал. Я увидел Хрущева во главе длинного стола, за которым сидели люди, знакомые мне по фотографиям из газет и кинохронике. В руке Хрущев держал какую-то бумагу, но смотрел не в нее, а на тех, кто сидел за столом. Я понял, что вижу заседание Президиума[1]. «Кеннеди просит нас вывести ракеты с Кубы и впредь их там не размещать, — сказал Хрущев. — За это он обещает снять блокаду и дает гарантии ненападения на Кубу...» — «Обманет!» — сказал кто-то, но я уже не успел увидеть, кто именно.

---

[1] Президиума ЦК КПСС.

«Послезавтра Кеннеди попросит вас убрать ракеты с Кубы, — сказал я Хрущеву. — За это он снимет блокаду и даст гарантии, что не станет нападать на Кубу». — «Его гарантиям грош цена!» — раздраженно сказал Хрущев, но я видел, что мое сообщение его обрадовало. Хрущев очень хотел, чтобы Кеннеди предложил мир первым. Это давало ему возможность сохранить свой авторитет. «А вы точно знаете, что это случится послезавтра?» — спросил Хрущев. Я ответил, что точно. Я не видел календаря, но знал дату. «А вы можете сказать, будет ли Советский Союз воевать с Америкой?» — вдруг спросил Козлов. То был единственный его вопрос за время нашей встречи. Я попытался сосредоточиться, но не смог этого сделать, потому что напряжение, вызванное недавним замешательством, еще не ушло. «Если сейчас обойдется без войны с американцами, то ее никогда не будет!» — сказал Хрущев. Он спросил, могу ли я сказать ему еще что-нибудь. Мне часто задавали этот вопрос, и всякий раз я чувствовал себя фокусником, достающим из шляпы по очереди разные предметы. В тот раз мне больше нечего было сказать Хрущеву.

Хрущев сказал, что его зять Алексей Аджубей очень интересуется мною и хотел бы со мной познакомиться. Я удивился, почему вдруг Хрущев упомянул об этом, ведь Аджубей мог бы познакомиться со мной и без протекции Хрущева. Но оказалось, то было завуалированное приглашение пообщаться в неофициальной обстановке. Хрущеву вдруг захотелось познакомиться со мной поближе. В его мыслях я прочитал ответ на вопрос, почему между двумя нашими встречами прошло целых девятнадцать лет. Я напоминал Хрущеву о его погибшем сыне Леониде, поэтому он старался даже не вспоминать обо мне, не говоря уже о том, чтобы со мной встречаться. Хрущев очень любил Леонида, с годами боль потери не уменьшалась. Только дело исключительной важности вынудило Хрущева встретиться со мной. Во время нашей встречи он подумал о том, что моими способностями не стоит пренебрегать. Также Хрущев убедился в том, что встреча со мной не усилила боль от потери сына. Как бы то ни было, а время в какой-то мере залечивает раны и хоть немного, да притупляет боль от потерь. Впрочем, мне самому часто кажется, что не притупляет. Сложно определиться, все зависит от настроения. Во время нашей второй встречи Хрущева заботило только одно — предотвратить войну с Америкой, и сделать это наиболее благоприятным для себя образом. Поэтому встречу со мной он воспринимал иначе.

Наша встреча закончилась. Бросив прощальный взгляд на Козлова, я вдруг увидел, что он серьезно болен и скоро ему станет совсем плохо. Секунду поколебавшись, я сказал ему: «Подумайте о своем здоровье, Фрол Романович. Пока еще не поздно, покажитесь врачам, поберегите себя». Козлов удивленно посмотрел на меня, но ничего не ответил. Судя по тому, что случилось с ним через полгода, он пренебрег моим советом.

В декабре 1962 года мне позвонил Аджубей и пригласил встретиться с ним на даче. Наша «неофициальная» встреча была все же официальной. Накрытый стол не мог замаскировать этой официальности. За столом мы сидели втроем: Хрущев, Аджубей и я. Аджубей начал расспрашивать меня о моей жизни. Делал он это очень профессионально, по-журналистски. С ним было очень приятно общаться. Аджубей умел расположить к себе и умел слушать собеседника. Умение слушать — очень редкий дар, особенно среди людей, которых судьба вознесла высоко над другими. Время от времени в беседу вступал Хрущев. Я знал, что интересует обоих на самом деле, и ждал, когда разговор коснется серьезных тем. После звонка Аджубея меня заинтересовало будущее Хрущева. До этого момента оно совершенно меня не интересовало. Признаюсь честно, что мне безразлично, кто стоит во главе государства. Состояние моего здоровья интересует меня гораздо больше. Но я понимал, что во время встречи с Аджубеем непременно зайдет разговор о дальнейшем правлении Хрущева, и решил подготовиться. Мне это удалось довольно легко.

С первой же попытки я узнал, что в октябре 1964 года Хрущев будет смещен и его место займет Брежнев. Я не мог определиться, колебался, стоит ли говорить Хрущеву об этом. Подумал, что приму решение во время нашей встречи. Но во время встречи я понял, что Хрущев мне не поверит. После того как была предотвращена война с Америкой, Хрущев считал свои позиции очень крепкими. И явно продолжал оставаться при этом мнении до своего смещения, иначе не уехал бы на море[1]. Хрущев был недальновидным политиком, не очень хорошо разбирался в людях и страдал излишней самонадеянностью. Это его и погубило.

Во время встречи я больше наблюдал за Хрущевым, чем за Аджубеем. Аджубей был открыт и ясен. Его на самом деле сильно интересовали мои способности. И как человека, и как журналиста. Он уже думал о серии очерков или о книге. Разобраться в том, что думает Хрущев, было сложнее. Хрущев «раскрывался», то есть становился полностью доступным для телепатии, в те моменты, когда говорил о чем-нибудь. Говорил он очень увлеченно, многословно. Когда же он молчал, мне было труднее понять его мысли. К тому же задача осложнялась тем, что мне приходилось слушать Аджубея, который говорил очень живо и быстро, и отвечать ему. Но я смог понять, что колебания возникли у меня не напрасно. Интуиция меня не подвела. Хрущев не поверил бы мне. В тот момент он считал, что никто не сможет выступить против него. Все его сомнения исчезли после истории с Кубой. Более того — я понял, что Хрущев может рассказать о том, что узнает от меня, на заседании Президиума. Расскажет как анекдот или же захочет понаблюдать за реакцией слушателей. Это могло обернуться для меня серьезными неприятностями. Взвесив доводы за и против, я решил умолчать об увиденном. Мне было трудно принять это решение, потому что я чувствовал хорошее

---

[1] В конце сентября 1964 года Хрущев уехал на отдых на Черноморское побережье. Его вызвали в Москву 13 октября, когда было уже принято решение о его освобождении от всех постов.

отношение Хрущева ко мне. Он спрашивал меня о том, не нуждаюсь ли я в чем-нибудь, хороши ли мои жилищные условия. Но в то же время я понимал, что Хрущев не поверит мне, не примет мои слова к сведению. Ему от этого знания лучше не станет, а мне от того, что я расскажу об этом, может стать хуже. Также я вспомнил о своем правиле не открывать людям дату их смерти и подумал о том, что для любого руководителя такого масштаба отставка в чем-то похожа на смерть. Сыграло свою роль и то, что Хрущев не задал мне прямого вопроса. Он не мог его задать. Тогда еще с Козловым все было в порядке. Хрущев планировал оставаться на своих постах до 1969 года, до своего 75-летия, а затем уступить место Козлову, который был на пятнадцать лет младше его.

Хрущев интересовался не собственным будущим, а будущим Советского Союза. Его очень волновало, удастся ли к 1980 году построить коммунизм[1]. Меня сильно удивил этот вопрос. Будучи человеком, далеким от политики, я считал, что заявление Хрущева о том, что нынешнее поколение будет жить при коммунизме, сделано на основе серьезных расчетов. Как же иначе можно делать столь ответственное заявление? Оказалось, что то был политический шаг. Хрущеву захотелось войти в историю строителем коммунизма, превзойти Сталина, который не успел построить коммунизм, вот он и сказал то, что сказал. Меня этот вопрос не интересовал по двум причинам. Нет смысла интересоваться тем, что случится после меня. И я не верил, что люди могут стать настолько сознательными, чтобы обходиться без денег, брать по потребности, трудиться по возможности[2], не

---

[1] Выступая 31 октября 1961 года на XXII съезде партии с докладом по проекту III Программы КПСС, Н.С. Хрущев заявил: «Нынешнее поколение советских людей будет жить при коммунизме». В документе, который был принят делегатами съезда, указывалось, что «развернутое строительство коммунизма» будет завершено за 20 лет.

[2] Мессинг перефразирует основной принцип коммунистического общества, провозглашенный Карлом Марксом, основоположником марксизма: «Каждый по

совершать преступлений. Может быть, я отсталый и не очень умный человек, но в такое я поверить не в силах. Хрущев очень хотел узнать, каким будет 1980 год, и я рассказал ему о том, что я смог увидеть. Увидел я немногое: старты космических кораблей, спортивные состязания, мирную жизнь, деньги в руках у людей, очереди в магазинах. Деньги и очереди свидетельствовали о том, что коммунизм еще не построили. При коммунизме не должно быть ни того ни другого. «А когда будет построен коммунизм в Советском Союзе?» — спросил Хрущев. Я постарался увидеть, но не смог. Хрущев не стал скрывать своего разочарования. «Наверное, вам легче увидеть то, что произойдет на днях, чем заглядывать в далекое будущее?» — спросил он. Не желая пускаться в долгие объяснения, я с этим согласился. «Как вы все это видите? — спросил Аджубей. — Как кино?» Я ответил, что примерно как кино, но не совсем. Аджубей стал рассказывать о том, как встречался в Америке с известными психологами (их фамилии мне ничего не говорили), а затем спросил мое мнение о приборах, которые позволяют отличать правду от лжи. Я ответил, что не видел таких, но допускаю их существование. Если я, улавливая импульсы, могу понять, о чем думает человек, то это может сделать и прибор. Здесь я немного слукавил, потому что на самом деле считаю человеческий мозг величайшей загадкой бытия. К познанию тайн мозга человечество еще даже не приблизилось, иначе ученые давно бы объяснили мне природу и сущность моего дара. Но такой ответ мог бы прозвучать нескромно, а я не люблю этого.

По мере того как у Аджубея интерес ко мне возрастал, у Хрущева он уменьшался. Мне показалось странным, что, кроме сроков построения коммунизма и еще нескольких подобных вопросов, Хрущева больше ничего не интересовало. Насколько

---

способностям, каждому по потребностям!» То есть в коммунистическом безденежном обществе каждый человек станет сознательно трудиться по своим способностям и брать себе товары по потребностям.

мне удалось понять, он считал, будто все сложности в его жизни остались позади: убраны противники внутри партии, удалось избежать войны с Америкой. Но оказалось, что еще один вопрос у Хрущева оставался. Перед тем как оставить нас вдвоем с Аджубеем, Хрущев спросил у меня, когда умрет Мао Цзэдун[1]. Я назвал дату, но здесь приводить ее не стану, потому что дело касается будущего и широкой огласке не подлежит. После того как Хрущев ушел, мы еще около часа проговорили с Аджубеем. Аджубей разговаривал со мной очень доверительно. После ухода Хрущева он начал говорить о том, как трудно руководить страной, когда постоянно мешают. Вспомнил Молотова, сравнил его с Зиновьевым[2], называл другие фамилии. Я, как человек, проживший первую половину жизни за пределами Советского Союза, не знал две трети из тех, кого называл Аджубей. Поняв, что эта тема мне не интересна, Аджубей вернулся к своей поездке по Америке. Он был прирожденным журналистом — все замечал, делал неожиданные выводы. Мне так и не довелось побывать в Америке, хотя когда-то я собирался там выступать. Поэтому я с большим интересом слушал Аджубея.

С Аджубеем мы встречались еще несколько раз. За все это время он задал мне всего лишь два вопроса, касавшихся его будущего. Все остальное время мы проводили в разговорах на темы телепатии и психологии. После снятия Хрущева Аджубей пе-

---

[1] Мао Цзэдун (1893–1976) — китайский революционер и государственный деятель, председатель Коммунистической партии Китая в 1943–1976 годах, руководитель КНР в 1949–1976 годах.

[2] Григорий Евсеевич Зиновьев (настоящая фамилия Радомысльский, 1883–1936) — революционер, советский политический и государственный деятель. Член Политбюро ЦК партии (1921–1926). Председатель Исполнительного комитета Коммунистического интернационала (1919–1926). Председатель Петроградского совета рабочих и солдатских депутатов (Ленсовета) (1917–1926). В декабре 1925 года на XIV съезде ВКП(б) Зиновьев выступил против Сталина и стоявшего за ним партийного большинства. В декабре 1934 года был арестован, исключен из партии и осужден на десять лет по обвинению в антисоветской деятельности. В августе 1936 года был приговорен к высшей мере наказания по делу т. н. антисоветского объединенного троцкистско-зиновьевского центра.

рестал приглашать меня к себе. Два-три раза мы сталкивались с ним случайно и недолго разговаривали. Мне очень нравится, как держится Аджубей. Другой на его месте мог бы опуститься, потерять веру в себя, начать пить. Аджубей же стойко перенес тот удар, который нанесла ему судьба. Его поведение достойно восхищения. Как человек, многое перенесший, я всегда восхищаюсь теми, кто умеет стойко переносить испытания.

# Лучшие годы моей жизни

Окончание войны стало для меня двойным праздником. Я надеялся, что теперь-то смогу найти хоть кого-нибудь из моих родных или узнаю подробности об их судьбе. Я до сих пор не понимаю, почему я могу узнать многое о совершенно посторонних мне людях, но не могу узнать ничего о судьбах моих родных. Сколько ни стараюсь, их участь остается для меня тайной. Иногда я думаю: зачем мне такие способности, которые позволяют видеть многое, но не позволяют увидеть то, что мне хочется видеть больше всего? Сейчас, когда жизнь моя подходит к концу, я все чаще думаю о том, что если бы мне было суждено прожить еще одну жизнь, то я бы предпочел прожить ее обычным человеком. Я завидую людям, приходящим на мои выступления, а они завидуют мне. Разве это не удивительно? Каждому из зрителей хочется иметь мои способности (я читаю это в их мыслях), а я бы предпочел их вовсе не иметь, потому что мою жизнь они нисколько не облегчают. После войны по моей просьбе были отправлены запросы в Польшу, но они не дали результатов.

Пока я был в эвакуации, в мою комнату кого-то заселили, поэтому по возвращении в Москву мы с Аидой поселились в гостинице «Москва». Нас, как людей, привыкших к гостиницам, это совершенно не тяготило. Сразу после войны количество моих выступлений резко увеличилось. Меня наперебой приглашали в разные города. Было некогда заняться квартирой, а когда до нее дошли руки, мы довольно долго ждали подходящего варианта. Меня бы устроило любое жилье, но у Аиды было много требований. Не все районы ей нравились, не всякая планировка.

Наконец подходящий вариант был найден, и мы шумно отпраздновали новоселье.

С 1946 по 1949 год мой феномен изучали в психоневрологическом институте[1]. Меня пригласил в институт профессор Павел Борисович Посвянский[2], с которым мы познакомились во время войны в Томске. После моего выступления перед сотрудниками и пациентами (в эвакуации институт работал как госпиталь) меня попросили дать еще одно выступление для узкого круга сотрудников, заинтересовавшихся моими способностями с научной точки зрения. Так началось мое сотрудничество с профессором Посвянским и его институтом. Моими способностями интересовались многие ученые, но только Павел Борисович взялся за дело всерьез. Он и его коллеги работали со мной три с половиной года. Эта работа то и дело прерывалась из-за моих отъездов, но я однажды подсчитал, что провел в институте около трех месяцев. Мне было очень лестно ощущать себя объектом столь серьезного исследования, но согласился я на него не по этой причине. Мне всю жизнь хотелось получить научное объяснение моих способностей. Больше всего меня интересовало объяснение моей способности видеть будущее. Это самое удивительное из того, что я умею: видеть то, что еще не произошло. Как это происходит? Откуда берутся образы будущего? Что я могу сделать для дальнейшего развития своих способностей? К моему огромному сожалению, мне никто так и не смог ничего объяснить. Последний раз надежда появилась у меня четыре года назад, когда я познакомился с молодым, но очень перспективным ученым Владиленом Докучаевым[3]. Он применил принципиально новый подход к изучению моего феномена, соединив

---

[1] Ныне Московский НИИ психиатрии.

[2] Посвянский Павел Борисович (1903—1976) — известный советский психиатр, профессор, доктор медицинских наук.

[3] Владилен Иванович Докучаев (1932—1990) — советский физик, кандидат физико-математических наук.

психологию и физику. Докучаев разработал свой собственный метод, но примерно на середине нашей работы мы столкнулись с трудностями «бытового» характера. Из-за каких-то интриг Докучаеву отказали в доступе к нужным приборам, и наше исследование оборвалось. Я пытался помочь, но к тому времени, как вопрос был решен, Докучаев увлекся идеей какого-то генератора и попросил позволения отложить работу со мной на некоторое время. На том наше сотрудничество и закончилось. Я потому не люблю ничего откладывать на будущее. Отложить означает забыть. Но тем не менее я благодарен Докучаеву. Мне было интересно с ним общаться. Наша совместная работа помогла мне придумать несколько новых опытов. Опыты очень трудно придумывать в одиночку, потому что все придуманное нужно тотчас же на ком-то опробовать и с кем-то обсудить. Обсуждать можно с ассистентами, но для первого эксперимента ассистенты не годятся, нужен посторонний человек. Кроме того, общение с умными людьми дает мне импульс, толчок для моей фантазии. Наверное, потому я так избирателен в общении. Не люблю тратить время на глупых и недалеких людей.

С началом борьбы с космополитизмом на мои выступления стали приходить «инспекторы». Я называю их так, потому что то были разные люди, работавшие в разных организациях. Но интерес к моим выступлениям у всех был одинаковый — недоброжелательный, придирчивый. Программа моих выступлений такова, что допускает различные отступления. Зрители могут задать какой-то неуместный вопрос. Задания тоже могут оказаться неуместными, а то и провокационными. Велика роль ассистента. Ассистент следит за порядком на моих выступлениях и предотвращает все нежелательное. Но невозможно избежать нежелательных и неумных вопросов. Зачастую эти вопросы задавались с провокационной целью. А мне потом приходилось объясняться. Хорошо еще, что меня спасала моя репутация и мое знакомство с руководством страны. Но тем не менее были придирки, а каждая придирка — это трата времени и нервов на объяснения. Было и другое. В 1948 году у меня вдруг не приняли заказ на печатание афиш. То есть на самом деле не приняли его у директора Дворца культуры Челябинского тракторного завода, но причина была не в директоре, а во мне. Кому-то из руководства типографии не понравилась моя иностранная фамилия. Я объяснил, что это моя настоящая фамилия, что меня знают под ней во всем Советском Союзе. Упомянул и о том, что моя фамилия была написана на двух военных самолетах, подаренных мной фронту. Упоминание о самолетах возымело действие. Заказ приняли. Удивляясь тому, каких только дураков не бывает на свете, я вернулся в Москву. В Москве меня пригласил к себе председатель Комитета по делам искусств Лебедев[1]. Он предложил мне сменить фамилию «на более патриотическую». Таковы были его слова. «Что значит — "на более патриотическую"»? — спросил я. — Какая фамилия считается "патриотической"? Ленин или Свердлов? И чем плоха фамилия Мессинг?» — «Возьмите, к примеру, фамилию Михайлов, — спокойно посоветовал Лебедев, он был очень спокойным человеком. — И имя тоже неплохо бы сменить. Владимир Григорьевич звучит лучше, чем Вольф Мессинг. Владимир Григорьевич Михайлов». Я представил себе афишу с моим портретом и подписью «Владимир Григорьевич Михайлов», и мне стало нехорошо. Замутило, как от несвежей еды. «Я не преступник, чтобы жить под чужим именем! Я хочу остаться Вольфом Мессингом», — сказал я. «Жить вам под вашей фамилией никто не запрещает, — так же спокойно ответил Лебедев. — Речь идет о ваших выступлениях. Вы не один такой, многим приходится менять фамилии». Я еще раз повторил, что не стану менять фамилию, Лебедев тоже повторил свои слова. Разговор зашел в тупик. Я ушел от него в крайне нервном состоянии. На сле-

---

[1] Поликарп Иванович Лебедев (1904—1981) — советский партийный и государственный деятель, председатель Комитета по делам искусств при Совете Министров СССР (1948—1951).

дующий день я встречался с Берией. Встреча произошла по его инициативе, у него было ко мне дело, но я воспользовался этим случаем и рассказал Берии о своем разговоре с Лебедевым. Рассказал в шутливой форме: вот мне вчера предложили назваться Владимиром Григорьевичем Михайловым, боюсь, что в следующий раз вашим людям будет трудно меня найти. Они станут искать Мессинга, а я уже буду Михайлов. Берия в таком же шутливом тоне ответил, что его люди всегда находят тех, кого ищут, но просьбу мою, выраженную в виде намека, понял. Больше никто никогда не заговаривал со мной о смене имени и фамилии. Имя «Владимир Михайлов» стало нашей семейной шуткой. Например, когда Аида, увидев гору окурков в пепельнице, начинала отчитывать меня за то, что я слишком много курю, я отвечал, что курил не один, а с Владимиром Михайловым. Или мог сказать: «Я хочу посоветоваться с Владимиром Михайловым». Это означало, что я хочу подумать в одиночестве и меня не стоит тревожить. А Лебедева довольно скоро сняли с должности председателя. Сталину не понравилась какая-то опера, которую Лебедев разрешил показать в Большом театре[1].

Но даже борьба с космополитизмом не могла испортить окрыляющего ощущения мирной жизни. Это непередаваемое ощущение. Меня могут понять только те, кто его испытал. Четыре года войны. Четыре года страданий. Беспокойство за близких, похоронки, бомбежки, карточки, раненые в госпиталях... В мае 1945 года в моей жизни началась новая эра. Война закончилась, я был сравнительно молод, я был счастлив, я был не один,

---

[1] Речь идет об опере украинского композитора Константина Данькевича «Богдан Хмельницкий», поставленной по одноименной пьесе А.Е. Корнейчука и показанной в Большом театре в 1951 году во время Второй декады украинской литературы и искусства в Москве. Недовольство Сталина в первую очередь вызвало либретто, авторами которого были А.Е. Корнейчук и В.Л. Василевская. Сталин хорошо относился к писательнице Ванде Василевской, ценил ее творчество и активную общественную деятельность, поэтому опера не была снята с репертуара навсегда, а продолжала ставиться после доработки.

я был известен, уважаем, и моя известность росла день ото дня. Но самой главной составляющей счастья была мирная жизнь. Каждая новая черта ее воспринималась нами с огромной радостью. То было замечательное время. Все были уверены в том, что войны больше никогда не будет. Слишком много страданий принесла миру Вторая мировая война. Невозможно было представить, чтобы кому-то когда-то хотелось бы еще воевать. Эта уверенность, конечно же, была наивной, но ее разделяли все. Всем хотелось думать, что войны больше никогда не будет.

В 1946 году я впервые в жизни приехал в Ленинград. Там я познакомился с очень интересным человеком и известным ученым профессором Леонидом Леонидовичем Васильевым[1]. Не преувеличу, если назову его главным исследователем телепатии в Советском Союзе. Пока Леонид Леонидович был жив (он работал до последних своих дней), в каждый свой приезд в Ленинград я находил время для посещения его лаборатории. Он уговаривал меня оставить на время, хотя бы на три-четыре месяца, мои выступления и дать ему возможность как следует поработать со мной. Но я не мог этого сделать. Выступления составляют главный смысл моей жизни. Общение со зрителями нужно мне как воздух, как вода дереву. Без него я зачахну. К тому же Васильева больше всего интересовала передача мыслей на расстоянии. Он был очень практичным человеком. Главным для него была практическая польза. Васильев мечтал о том времени, когда человечество сможет обходиться без телеграфа и телефона. Я же не умею ни читать мысли на большом расстоянии, ни внушать

---

[1] Васильев Леонид Леонидович (1891–1966) — видный советский психофизиолог, психолог и психиатр, член-корреспондент АМН СССР, доктор биологических наук, профессор. Основоположник научной парапсихологии в СССР. Ученик Н.Е. Введенского. В 1932 году начал экспериментальные исследования для выяснения возможности телепатии и ее психофизиологических механизмов. В 1960-е годы опубликовал ряд книг на эту тему, в частности «Экспериментальные исследования мысленного внушения». Открыл первую в России лабораторию парапсихологии в Ленинградском университете. Был президентом Ленинградского общества естествоиспытателей.

их. Также я не умею внушать мысли животным. Пробовал много раз, но безрезультатно. А проблема внушения мыслей животным была одной из главных у Васильева. Он приглашал в свою лабораторию знаменитых дрессировщиков и работал с ними. Сам Леонид Леонидович считал, что телепатической связи не могут помешать никакие расстояния. Он рассказывал мне, что еще до войны ему удалось поставить несколько опытов по передаче мыслей из Ленинграда в Севастополь. Опыты удались и имели продолжение. У Васильева было много противников. Находились и такие, кто обвинял его в шарлатанстве, а это очень серьезное и очень обидное обвинение для настоящего ученого. Легко и удобно называть шарлатанством все непонятное. Если бы все придерживались такой точки зрения, то наука никогда бы не двигалась вперед. Леонид Леонидович с присущей ему убедительностью отвергал обвинения и доказывал, что телепатия не шарлатанство, а научное явление, только пока еще не изученное должным образом. Я связывал с нашим сотрудничеством много надежд, но их оборвала смерть Леонида Леонидовича. Он был старше меня на несколько лет, но выглядел на удивление бодрым. Его смерть стала неожиданностью для всех, в том числе и для меня, и огромной потерей для науки. Васильев был единственным ученым (из тех, кого знал я), кто считал мысленные импульсы не электромагнитными волнами, а волнами совершенно иной природы. Я склонен разделять это мнение, потому что до сих пор ни одному прибору, улавливающему электромагнитные волны, не удалось записывать мысли. В лаборатории Васильева я познакомился с Розой Кулешовой[1], молодой девушкой, которая умела видеть на ощупь. Все считали, что Роза умет «видеть» пальцами, но на самом деле природа ее способностей была иной. Для видения ей не всегда был нужен физический контакт. Она

---

[1] Роза Алексеевна Кулешова (1940—1978) — экстрасенс, обладательница т. н. «кожного зрения».

могла сказать, что лежит в конверте, не беря его в руки. Находились такие, кто считал Розу искусной обманщицей, но я, будучи с ней знакомым, свидетельствую, что Роза действительно обладает телепатическими способностями. Я спрашивал, умеет ли она видеть будущее, но Роза ответила отрицательно. Чтение мыслей и гипноз ей тоже недоступны, но, возможно, она просто пока еще не открыла в себе эти способности.

Пятнадцать лет, с мая 1945 года до августа 1960 года, были лучшими годами моей жизни. То был пик моего счастья. После смерти моей жены Аиды моя жизнь сильно изменилась. Очень грустно думать о своем счастье в прошедшем времени, грустно сознавать, что все хорошее в моей жизни осталось позади. Я живу только воспоминаниями. Они самое ценное, что у меня есть.

# Встреча со Сталиным
# в ноябре 1949 года

Эта встреча запомнилась мне тем, что я увидел совсем другого Сталина. Тот Сталин, которого я знал раньше, был немолод, но бодр и полон сил. От него исходила сила. Эта сила чувствовалась во взгляде, проявлялась в его неторопливых движениях и в скупых словах. Невозможно передать то ощущение величия, которое производил Сталин. Так было до конца 1949 года. Встретившись со Сталиным в конце ноября, я поразился тому, как он изменился. Теперь передо мной был пожилой, устало выглядевший человек. Он хранил следы былого величия, но это были всего лишь следы. Впервые за время нашего знакомства я подумал о возрасте Сталина. Семьдесят лет — солидный возраст. Теперь я узнал это на своем опыте.

От прежнего Сталина остался только взгляд. Он был все таким же проницательным и волевым. Видимо, Сталин заметил мое удивление, хотя я и попытался его скрыть. «Четыре года уже живем мирно», — сказал Сталин, но я услышал другое: «Годы идут». В тот раз Сталин захотел меня видеть по очень важному поводу. Он думал о Корее, где назревала война[1]. «Корейские товарищи просят помощи, — сказал Сталин. — Они утверждают, что капиталисты с Юга слабы и достаточно одного хорошего удара для того, чтобы от них избавиться. Товарищи с Севера надеются на нашу помощь и на восстание трудящихся масс Юга.

---

[1] Корейская война — конфликт между Северной Кореей и Южной Кореей, длившийся с 25 июня 1950-го по 27 июля 1953 года. Конфликт представлял собой опосредованную войну между США с их союзниками и СССР с КНР.

Они уверены в победе. Но американцы не оставят Юг без помощи, так же как мы не оставим без помощи Север. Как бы не началась третья мировая война. Хотелось бы знать ваше мнение, товарищ Мессинг». «Ваше мнение» означало мое видение будущего, потому что никакого другого мнения я высказать не мог. Я не стратег и не политик, чтобы высказывать мнение. Но Сталин, в отличие от того же Абакумова, всегда держался со мной уважительно. Сталину, в отличие от Абакумова и других, не было необходимости унижать своих собеседников для того, чтобы подчеркнуть собственное величие.

То, что отношения между Советским Союзом и Соединенными Штатами ухудшались, для меня не было секретом — об этом каждый день писали газеты и говорили по радио. То, что следующим плацдармом для столкновения станет Корея, тоже было ясно. О Корее тоже писали и говорили. Не столько, сколько о Китае, который в то время не сходил с газетных страниц, но все же часто. Но я не особо вдумывался в политические вопросы. Признаюсь честно, что в то время меня больше заботило обустройство квартиры на Новопесчаной улице, чем политическая обстановка в Азии или где-то еще. Мы с Аидой наконец-то обзавелись своим жильем и все свободное от выступлений время посвящали его обустройству. «Дыхание войны», как выражаются журналисты, в 1949 году еще ощущалось. Продуктов уже было достаточно, но товаров еще не хватало. Все надо было доставать, искать — начиная с занавесок и заканчивая мебелью. Аида, очень неприхотливая и снисходительная во всем, что касалось гостиничного быта, неожиданно оказалась очень требовательной, даже придирчивой в отношении собственной квартиры. Ей непременно нужно было все самое лучшее. Не самое дорогое, а самое лучшее — красивое и добротное. Лучшее найти трудно, поэтому обустройство нашего гнездышка растянулось надолго.

Первым, что я увидел, когда достиг нужной сосредоточенности, была картина воздушного боя. Я наблюдал ее не с земли, а из воздуха, как будто бы находился в кабине одного из сражающихся самолетов. Картина для меня, штатского человека, была очень страшной: взрывы, пламя, черный шлейф дыма за сбитыми самолетами. В таком состоянии я обычно ни о чем постороннем не думаю, просто не могу думать. Но тут я вдруг вспомнил, что сын Сталина Василий — летчик, и мне стало очень тревожно за него. Затем я увидел, что война в Корее закончится уже после смерти Сталина, увидел некоторые детали, а самое главное — увидел, что карта послевоенной Кореи останется такой же, какой и была до войны. «Третьей мировой войны не будет, — сказал я. — Американцы будут поддерживать Юг, но до мировой войны не дойдет. Война продлится три года, но Корею объединить так и не удастся. Она так и останется поделенной на две части. Война закончится вничью». О том, что Сталин умрет до окончания войны, я умолчал. «Ничья — это не поражение, — сказал Сталин. — А вы что, шахматист?» Я ответил, что иногда играю в шахматы. На самом деле я не очень-то люблю шахматы, потому что не интересно играть, когда знаешь все планы противника. Играть самому с собой мне тоже неинтересно. Для меня шахматы — это необязательное приложение к какой-нибудь приятной беседе в поезде или на отдыхе. «Товарищ Сталин, не надо отпускать Василия Иосифовича воевать в Корею», — добавил я, обдумав сочетание картины воздушного боя с тревогой и мыслью о Василии Сталине. «Почему? — спросил Сталин. — Вы видели сейчас Василия?» Мне пришлось объяснить, что я видел. Сталин выслушал мои объяснения внимательно и воспринял их серьезно, несмотря на то что для него они могли звучать не очень-то убедительно. Затем он задумался и будто забыл на время о моем присутствии. Сталин думал о том, что война, которая закончится вничью, на самом деле вничью не закончится, о том, как важно продемонстрировать всему миру единство стран социализма и то, что они поддерживают друг друга. «Когда же мы сможем объединить Корею?» — спросил Сталин. Я попытался увидеть ответ на этот вопрос, но не смог. На этом наша встреча закончилась. Она была самой короткой из всех и запомнилась мне тем, как изменился Сталин.

# Гастрольное бюро[1]

**В** моей трудовой книжке всего одна запись: «Зачислен в штат Гастрольбюро». Зачислен в должности артиста. Раз я выступаю перед зрителями, то я артист. Гастрольбюро, которое я так и не привык называть Госконцертом — весьма интересное учреждение. Гастрольбюро везде. Приезжайте в самый отдаленный уголок Советского Союза, где есть клуб, и там будет кто-то от Гастрольбюро. А если клуба нет, то это не помеха. Артисты Гастрольбюро могут выступать и в поле. Кузов грузовой машины прекрасно заменяет сцену. Не все, конечно, могут выступать в таких условиях. Я, например, не могу. Мне нужен зал, стены, крыша над головой, нормальная сцена. Иначе я не смогу сосредоточиться. Несколько раз мне предлагали подобные выступления, но я всякий раз отказывался. Если я и артист, то особенный. Я не могу приехать к трактористам «в рабочий полдень»[2] и демонстрировать психологические опыты. На мое выступление зритель должен настроиться. Не так, как настраиваюсь я сам, но все же настроиться, подготовиться. Я не стремлюсь подчеркивать свою избирательность, но на моих выступлениях зрители не просто смотрят на сцену. Они еще и участвуют в происходящем. Получается живое общение, которое очень ценно для меня.

---

[1] Гастрольное бюро Комитета по делам искусств при Совете Министров СССР (1946—1956) — ведомство, занимавшееся организацией и проведением гастролей советских артистов в СССР и за границей, а также зарубежных артистов в СССР. В 1956 году на базе Гастрольбюро СССР было образовано Государственное концертное объединение СССР (Госконцерт СССР).

[2] «В рабочий полдень» — популярная передача для трудящихся, шедшая на Всесоюзном радио с середины1920-х годов. Название передачи стало нарицательным для выступлений перед трудящимися во время перерыва в работе.

Гастрольбюро везде. Из небольшого двухэтажного дома на Пушечной улице[1] тянутся нити ко всем городам и поселкам Советского Союза. Теперь мне уже и не верится в то, что когда-то я мог выступать без Гастрольбюро. Более того, я знать не знал о такой организации. Моим Гастрольбюро был мой импресарио Леон Кобак. Он все организовывал. Часть выступлений я до сих пор организую самостоятельно, но все равно их приходится визировать в Гастрольбюро. Артисты называют его «конторой». Было в моей жизни такое время, когда Гастрольбюро стало для меня родным домом. Это было до моей женитьбы. Я мог приехать в Москву утром, посетить «контору» и уехать вечером на новые гастроли, не заходя домой. А зачем заходить? Дом одинокого человека там, где он сам.

Прибыв в Советский Союз, я долго не мог уяснить, что такое Гастрольбюро и зачем оно нужно. Я вообще многого не мог тогда понять. Спрашивал, удивлялся. Чаще всего слышал один и тот же ответ: «Такой порядок» или «Так положено». Раз такой порядок, пусть так будет. Я только боялся, что не смогу ничего заработать. Когда у человека нет никакого имущества, кроме того, что на нем надето, он постоянно думает о деньгах. Я размышлял так: если мой импресарио Леон клал в свой карман половину того, что я зарабатывал, то сколько же заберет целая контора? Оказалось, что не все так страшно, как я думал.

Мне сразу же бросилось в глаза то, что далеко не все сотрудники Гастрольбюро, ведавшие организацией концертов, разбирались в своем деле. Среди них попадались совершенно необразованные люди, ничего не понимавшие в своем деле, ограниченные, не отличавшиеся хорошим вкусом (и хорошими манерами, кстати говоря, тоже). Помню, в Минске был такой ответственный работник Фридман. «Что вы мне голову морочите вашими опытами, — говорил мне он. — Это же фокусы! Так и пишите —

---

[1] Гастрольбюро СССР находилось по адресу: Москва, ул. Пушечная, дом 2.

«Иллюзионист Мессинг показывает фокусы»! Не морочьте голову советским людям вашей телепатией!» Я пытался объяснить ему разницу между фокусами и телепатией, но у меня ничего не получилось. Фридман не хотел ничего понимать. Мне пришлось пойти на хитрость для того, чтобы получить его подпись, без которой я не мог выступать. Я перестал спорить, сказал, что Фридман совершенно прав (это было нужно для того, чтобы он успокоился) и внушил ему, что он должен подписать бумагу. А что я еще мог сделать? Оставаться без заработка из-за того, что ответственный товарищ Фридман не понимает разницы между фокусами и телепатией? Кстати, Фридман был еще не самым глупым товарищем. В московском Гастрольбюро после войны работала женщина, чью фамилию я целиком называть не стану. Ограничусь только первой буквой — К. Слово «гастроли» К. писала как «гостроли», а в моей фамилии упорно пропускала одну букву «с». «Разрешить артисту Месингу гостроли...» — писала она. К. пришла в Гастрольбюро с партийной работы. Правильнее будет сказать, что ее за какие-то промахи сняли с партийной работы и она нашла себе место в Гастрольбюро. Работа в Гастрольбюро всегда считалась хорошей, престижной. Не такой, как в райкоме или в горкоме, но все же престижной. Совсем не из-за денег, деньги там всегда платили небольшие. Уполномоченный[1] получал там около тысячи рублей старыми[2], не так давно им подняли зарплату до ста двадцати рублей. Но зато работа в Гастрольбюро открывает перед человеком огромные возможности. Мало где еще можно обзавестись такими знакомствами, как в Гастрольбюро. Сотрудник Гастрольбюро в любое время может достать билеты на любые концерты, а это стоит дороже денег. У артистов не принято приходить в «контору» с пустыми руками. С гастролей все привозят подарки. С деньгами дело тоже обстоит не так уж

---

[1] Чиновник низшего звена в Гастрольбюро.

[2] То есть дореформенными. В ходе денежной реформы 1961 года в СССР денежные знаки старого образца (1947 года) обменивались на новые в соотношении 10 к 1.

и плохо. Кроме зарплаты в Гастрольбюро есть дополнительный гешефт. Организация гастролей — дело сложное, надо учитывать много факторов. И учитывать эти самые факторы можно по-разному. Помню, как певец В., прибывший в Советский Союз на четыре года позже меня, вскоре после войны пожаловался мне на то, как неудачно организуются его гастроли. «В июне меня послали в Ашхабад, оттуда в Ташкент и Самарканд, в декабре посылают в Севастополь и Одессу, а в феврале — в Красноярск! Я бы предпочел побывать в Красноярске в июне, а в Ашхабаде зимой!» Я не удивлялся наивности взрослого, много повидавшего человека. Сам был таким в 1939 году. Когда мне в первый раз посоветовали вложить в паспорт деньги, прежде чем передавать его администратору в гостинице, мне это казалось диким. «Дайте им денег, — сказал я В. — И тогда вы сможете составлять свой гастрольный график самостоятельно». Простая вещь, но человек, живший за границей, никогда об этом не догадается, пока ему не подскажут.

Не стоит думать, что я собираюсь очернить Гастрольбюро. Мне просто хочется рассказать об организации, в которой я проработал вторую половину (почти половину) своей жизни. В Гастрольбюро, как и повсюду, работают разные люди. Есть хорошие, есть плохие, есть умные, есть глупые. Не все такие, как товарищ Фридман из Минска. Например, директор киевского Гастрольбюро Вольский — полная противоположность Фридману. Это умный, энциклопедически образованный, хорошо воспитанный и очень добрый человек. Моя покойная жена Аида говорила про таких, как он: «Настоящий интеллигент». Для артистов было счастьем числиться в киевском отделении, потому что Вольский проявлял о них поистине отеческую заботу. Он со всеми был знаком лично, знал, кто как живет и у кого какие проблемы. Я совсем не хочу сказать, что Вольский лез в личную жизнь артистов. Этого он себе никогда не позволял. Вольский знал все о своих артистах и помогал им, если мог помочь. Сколько человек он обеспечил жильем в послевоенном полуразрушенном Киеве! Сколько человек оставил в штате в 1950 году, когда, придравшись к недостаткам в Министерстве автомобильной промышленности, начали выгонять евреев из всех учреждений Советского Союза[1]. Сам я знаком с Вольским не как с начальством, а как с приятным человеком, но я много слышал о нем хорошего от киевских артистов. С московским руководителем зарубежного отдела Комаровым я тоже не сталкивался по работе, потому что на гастроли за рубеж я не выезжаю, но это не мешает мне упомянуть его в своих воспоминаниях как пример умного и чуткого руководителя.

Иногда Комаров меня спрашивал, почему я не выезжаю на гастроли за рубеж. Немного позже я напишу о своей неудачной попытке побывать за границей, но об этом я могу написать сейчас, когда уже могу позволить себе полную откровенность. Тем, кто спрашивал, я отвечал, что причина в языке. Проводить психологические опыты через переводчика гораздо труднее. Присутствие переводчика усложняет опыты и делает их менее зрелищными. Это я усвоил еще во время первых выступлений в Советском Союзе, когда моим ассистенткам приходилось частично переводить. На самом деле мне и сегодня не составило бы труда

---

[1] Имеется в виду Постановление ЦК ВКП(б) от 21 июня 1950 года «О мерах по устранению недостатков в деле подбора и воспитания кадров в связи с крупными ошибками, вскрытыми в работе с кадрами в Министерстве автомобильной и тракторной промышленности». В нем, в частности, было сказано: «В Комитете по делам искусств широко применяется порочная практика назначения работников на руководящие должности в качестве исполняющих обязанности, передвижение и повышение в должностях работников, не справившихся с возложенными на них обязанностями и скомпрометировавших себя. Аппарат Комитета, а также подведомственные Комитету организации — Главное управление цирков, Московская государственная филармония, Мосгорэстрада, Гастрольбюро, Государственный Эрмитаж, Академия художеств СССР — засорены людьми, не внушающими политического доверия и не обладающими необходимыми деловыми качествами. В этих учреждениях создалась атмосфера семейственности, угодничества и подхалимства; почти половина руководящих работников в них — еврейской национальности».

выступать на польском или немецком. Если немного освежить знания, то я могу выступить и на французском. Моя покойная жена Аида хорошо знала немецкий. Моя ассистентка Валентина Иосифовна тоже знает немецкий. Все, кто хоть немного знает идиш, способны говорить по-немецки. Так что я мог бы выступать в обоих Германиях и Австрии без переводчика. Мог бы выступать на идиш в Израиле. Но у меня нет такой возможности. Даже если бы зарубежный отдел захотел вдруг устроить мои гастроли за границей, ничего бы из этого не вышло. Конечно же, это меня расстраивает, но я всегда вспоминаю слова, сказанные мне Эдит Утёсовой[1]: «Мы должны не грустить из-за того, что нас не выпускают за границу, а радоваться тому, что живём не в какой-нибудь Бельгии, которую можно объездить за неделю». Эдит — замечательная женщина, умная, талантливая и с мужским, стойким характером. Все неприятности она встречает с улыбкой. Ей и её отцу сильно доставалось за их «семейственность», за то, что Эдит работала в оркестре своего отца. Наконец её вынудили уйти оттуда. Другая бы рыдала, а Эдит смеялась и спрашивала у всех, почему, если сын токаря идёт работать на завод к отцу, то это называется «трудовой династией» и приветствуется, а если дочь артиста работает в оркестре у отца — то это «семейственность», с которой нужно бороться? Актриса Раневская ответила ей вопросом на вопрос: «Диточка[2], а почему в магазине — торговля, а рядом с магазином — спекуляция?» На самом деле причина была не столько в семейственности, сколько в том, что все посредственные музыканты, которых, к сожалению, большинство, дружно ополчились на Утёсова, завидуя его таланту и его славе. Они использовали любой повод для нападок. Если повода не находилось — создавали его. А тут родная дочь

---

[1] Эдит Леонидовна Утёсова (наст. имя Дита Лейзеровна Вайсбейн; 1915–1982) — дочь Леонида Осиповича Утёсова, советская эстрадная певица, лирическое сопрано.

[2] «Диточка» не опечатка, а уменьшительное от «Дита».

в оркестре! Конечно же, семейственность! Моя жена однажды сказала мне: «Ты не представляешь, как тебе повезло! Ты — уникальный человек, единственный в своем роде! У тебя нет конкурентов, а в Советском Союзе нет ни Союза телепатов СССР, ни отдела телепатов при Гастрольбюро». Согласен, в этом мне повезло. Мне завидуют, но палок в колеса не ставят. Не только по той причине, которую назвала Аида, но и по причине моего личного знакомства с руководством страны. Об этом не пишут в газетах, но это все знают.

Впрочем, однажды и на меня пробовали нападать. Это случилось в 1957 году. «Борьба с космополитами» к тому времени прекратилась и была забыта, но появилась новая мода — мода на разоблачения. Хрущев разоблачил культ личности Сталина, и, подражая ему, все начали разоблачать всех. Во Всесоюзном Гастрольбюро появился новый ответственный работник Ц. Фамилия его не имеет значения, поскольку я не собираюсь сводить с ним счеты, а просто хочу рассказать об одном эпизоде из своей биографии. Этот эпизод стоил мне многих нервов. Ц. был карьеристом, а карьеристы всегда чувствуют, откуда и куда дует ветер. Если ветер дует в сторону разоблачений, значит, надо разоблачать. Я был подходящей кандидатурой для разоблачении. «Наполовину иностранец», как выражался Ц., имея в виду, что я долгое время жил за границей, еврей (сам Ц., впрочем, тоже был еврей, но из тех, что хуже любого мешумада[1]), занимаюсь тем, чего наука до сих пор объяснить не может. Ц. хорошо понимал, как нужно разоблачать. Время обличительных лозунгов давно прошло, нужно было опираться на факты, и он такие «факты» подготовил. Нашел двух профессоров, имена которых я тоже не стану называть. Скажу только, что оба не имели никакого отношения ни к психологии, ни, тем более, к телепатии. Один был

---

[1] Мешумад (мешумадим) (*идиш*) — дословно: «оскверненный», название еврея, сменившего иудейскую веру на иную. В русском языке — выкрест. В разговорной речи слово «мешумад» является тяжелым оскорблением.

философ, а другой — невропатолог. Не психиатр, а именно невропатолог. Философ «доказал», то есть написал, что телепатия невозможна, потому что чтение мыслей противоречит диалектике и является чистейшим идеализмом. Невропатолог «подтвердил», что функция чтения мыслей на расстоянии недоступна человеческому мозгу. Для меня лично все ученые делятся на две категории: настоящих ученых и «ученых» в кавычках. Настоящий ученый, столкнувшись с неизученным явлением, начинает его изучать. «Ученый» в кавычках ничего изучать не способен. Поэтому он спешит обозвать явление «шарлатанством», «выдумкой» или как-то еще. «Хорошая лошадь везет, а плохая лошадь брыкается», — говорили у нас в Гуре. От настоящего ученого людям польза, от «ученого» в кавычках — вред. Но если таких «ученых» двое и есть еще третий, кому на руку их «ученое» мнение, то вред становится особенно большим. Вооружившись «научным» мнением, Ц. начал настоящую войну против меня. Положение осложнялось тем, что в то время руководство Гастрольбюро больше думало не о том, как защищать сотрудников от необоснованных нападок, а о том, как удержаться на своих постах. Попросту говоря, я был предоставлен самому себе, никто не собирался за меня заступаться. Сталин умер, Берию расстреляли как шпиона[1]. Во главе руководства страны в то время стоял Хрущев, с которым мы встречались всего один раз в годы войны при довольно трагических обстоятельствах. Хрущев спрашивал меня о судьбе своего погибшего в воздушном бою сына Леонида. Я не мог в то время обращаться за помощью к Хрущеву, а больше ни на кого я рассчитывать не мог. Заручившись «научной» поддержкой, Ц. развил бурную деятельность. Он написал письмо «наверх», в Комитет по делам искусств, написал в ЦК, даже в Академию наук, насколько я помню, написал. Поднял такой

---

[1] Л.П. Берия стал своего рода «козлом отпущения», которому были поставлены в вину все ошибки и т. н. «перегибы» времен правления Сталина.

шум, что руководство Гастрольбюро не могло не отреагировать. Даже если бы оно, это руководство, относилось ко мне хорошо (чего на самом деле не было), оно все равно бы было вынуждено назначить собрание, на котором разбирался мой вопрос. Я пишу «разбирался мой вопрос», но на самом деле там решалась моя судьба. Решалось, смогу ли я продолжать выступления или нет. «Самодеятельность», то есть выступления на свой страх и риск, без санкции Гастрольбюро имели место, но такие выступления рано или поздно заканчивались плохо. На скамье подсудимых. Ц. был настолько уверен в своем успехе, что даже пригласил на заседание корреспондента «Литературной газеты». «Литературная газета» очень любит разоблачать разные «псевдонаучные» явления. В число таких явлений чуть было не попал и я. Действовать следовало решительно. Если бы Гастрольбюро сочло меня шарлатаном и вычеркнуло из штата, моя судьба была бы сломана. Я бы не смог выступать. Обо мне очень скоро забыли бы. «Нас помнят, пока нас видно», — любит повторять мой приятель Наум Ойслендер[1]. Он прав. Так оно и есть. Мне было обидно, что меня станут разбирать на собрании Гастрольбюро в компании с неинтересными выступлениями или же откровенной халтурой. «Халтуры» всегда было много, ни одно собрание или заседание не обходилось без обсуждения халтурщиков. «Халтурщик» — это в то время был ужасный ярлык, который преграждал доступ к зрителям. Его очень легко можно было получить и очень тяжело было от него избавиться.

«Жареные голуби сами в рот не влетают», — говорили у нас дома. Я должен был действовать, и я мог рассчитывать только на себя. После того как выступил Ц. и его «научные» консультанты, я обратился к собравшимся и предложил всем (в том числе и самому Ц.) записать на бумаге свои мысли. Когда они это сделали,

---

[1] Наум Евсеевич Ойслендер (1893—1962) — советский еврейский критик и литературовед. Писал на идиш.

я подходил к каждому, говорил, о чем он думал, а затем показывал всем, что было записано. Ни разу я не ошибся. Я не мог, я не имел права ошибиться. Ошибка поставила бы точку в моей карьере. Закончив обход собравшихся, я обратился к «научным консультантам» с просьбой объяснить, каким образом мне удалось прочесть их мысли и мысли остальных присутствующих. Они начали мямлить нечто невразумительное. Ц. сник и сидел как в воду опущенный (мне очень нравится это выражение). Я пошел дальше — я предложил всем желающим мысленно передавать мне задания и еще предложил выбрать желающего подвергнуться внушению. Согласился на это корреспондент «Литературной газеты». Я внушил ему, чтобы он с выражением прочел детское стихотворение на идиш. Два или три человека дали мне задания, которые я выполнил в точности. Собрание решило «отложить» вопрос о моих способностях. Отложило и больше к нему никогда не возвращалось. Ц. проработал еще какое-то время в Гастрольбюро, а потом его перевели на другую работу. С понижением, потому что у него произошли кое-какие неприятности, связанные с Ленинградским отделением. Писать об этом не стану, потому что ко мне эта история отношения не имела.

Но все же с Гастрольбюро у меня связано больше приятных воспоминаний, нежели плохих. То, старое Гастрольбюро, не Госконцерт, а именно Гастрольбюро, было для всех нас, артистов эстрады, нашим домом, клубом, местом, которое нас всех объединяло. Мне приятно вспоминать хороших людей из Гастрольбюро, приятно вспоминать артистов, с которыми я познакомился в «конторе» на Пушечной улице, приятно вспоминать свою «молодость». В семьдесят четыре года пятьдесят лет кажутся молодым возрастом.

# Моя последняя встреча
## со Сталиным

Моя последняя встреча со Сталиным состоялась в июне 1952 года. В тот день тревога появилась у меня с самого утра. Я знал причину ее появления, знал, что сегодня вечером у меня состоится встреча со Сталиным. Пришлось попросить Аиду поехать в кассу и поменять билеты, потому что в этот день (пятницу) мы собирались уезжать в Одессу. Весь день мне было не по себе. Я не знал, чем себя занять. Из-за отложенного отъезда у меня было много свободного времени. Я погулял дольше обычного, потом пробовал читать, потом попытался увидеть будущее. На этот раз я хотел увидеть мое собственное будущее. Начиная с того, сяду ли я завтра в поезд, как собирался, или нет. Что со мной будет через год? Через два? Я знал, что моя сегодняшняя встреча со Сталиным будет последней, что больше я его не увижу. Я увидел себя садящимся завтра в поезд. Я увидел себя спустя год на выступлении в Ленинграде. У меня не было причин волноваться, но я все же волновался. Без четверти десять я уже стоял одетый у телефона и ждал звонка. Сразу же после того, как мне позвонили и сказали, что машина за мной уже выехала, я вышел на улицу и стал прохаживаться взад-вперед. Волнение мое усилилось. Не надо было быть Вольфом Мессингом для того, чтобы понять, о чем меня станет спрашивать Сталин. Пока я пытался увидеть свое будущее, я увидел и кое-что другое. В том числе и то, как сменилась надпись на Мавзолее, а потом снова стала прежней[1]. Я понимал особую важность предстоящей встречи и думал о том, как мне следует поступить.

Жизненный опыт подсказывал мне, что сегодня я не должен говорить правду. Во всяком случае, я не должен говорить всю правду. И правда ли это? Ведь очень редко, но случалось же и мне ошибаться. Этими словами я всегда пытаюсь успокоить себя, когда умалчиваю о чем-то увиденном.

По дороге я по привычке прочел мысли тех, кто за мной приехал, но не нашел в них ничего полезного. Оба они были в спокойном настроении, из чего я сделал вывод о том, что сегодня ничего чрезвычайного не произошло. Я продолжил думать о предстоящей встрече. Для меня очень важно всегда поступать таким образом, чтобы потом мне нельзя было ни в чем себя упрекнуть. Моя совесть — самый строгий мой судья. Особенно в тех случаях, когда дело касается не только моей судьбы, но и судеб множества других людей.

Чтобы было понятнее мое состояние, сделаю небольшое пояснение. В юности я был идеалистом. Верил в идеалы и очень страдал от того, как несовершенен наш мир. Повзрослев, я превратился в циника. Во всяком случае, так мне казалось. На самом же деле в глубине души я оставался идеалистом, но мне очень нравилось думать о том, что я циник. Цинизм в то время заменял мне жизненный опыт. Это простительно, ведь я был молод. Когда я перебрался в Советский Союз, идеализм снова овладел мной. Я думал, что уж здесь-то я найду совершенное общество. Если не свободное от всех недостатков и пороков, то стремящееся освободиться от них. К сожалению, мои надежды не оправдались. Я не собираюсь утверждать, что люди везде одинаковы, разница между советскими людьми и жителями капиталистических стран есть, порой эта разница очень велика. Но ничего

---

[1] Тело И.В. Сталина находилось в Мавзолее с 1953 по 1961 год. В это время на Мавзолее было написано «Ленин. Сталин». После выноса тела И.В. Сталина из Мавзолея надпись стала такой же, как и была раньше: «Ленин».

идеального нигде не существует. Нет идеального общества, нет идеальных людей, и идеальных руководителей тоже нет.

В правительстве Советского Союза постоянно плелись какие-то интриги. Для некоторых руководителей, например — для Абакумова, эти интриги составляли смысл их жизни. Сталин в интригах не участвовал, он был выше всего этого, он был живой бог. Сталин создавал равновесие; если он видел, что кто-то слишком заигрался, останавливал его. Но дни Сталина подходили к концу. И я понимал, что после его смерти разгорится ожесточенная борьба за власть, потому что официального преемника у Сталина не было. Когда-то он возлагал определенные надежды на Берию, но с 1946 года отношения между Сталиным и Берией ухудшились. Принято считать, будто бы Сталин видел преемника в Маленкове, но я точно знаю, что это не так. Маленкова Сталин ценил как ответственного исполнителя, не более того. Одно время Сталин надеялся на то, что его преемником может стать председатель Госплана Вознесенский[1], но Вознесенского Берии удалось устранить.

Если бы я не умел читать мысли, то решил бы, что Сталин на меня за что-то сердится, потому что принял он меня очень сухо и говорил со мной недовольным голосом. На самом деле его недовольство было вызвано двумя причинами — состоянием здоровья и поведением сына Василия. Здоровье продолжало ухудшаться. В момент нашего разговора Сталина мучила сильная головная боль. Василий вел себя вызывающе, отношения его с другими руководителями государства, начиная с Хрущева

---

[1] Николай Алексеевич Вознесенский (1903—1950) — советский государственный деятель, экономист. Доктор экономических наук (1935). Член Политбюро ЦК ВКП(б) (1947—1949). Председатель Государственного планового комитета при Совете Министров СССР (1948—1949). В марте 1949-го в связи с «Ленинградским делом» снят со всех постов, выведен из Политбюро ЦК, в сентябре этого же года опросом исключен из состава ЦК ВКП(б). 27 октября 1949 года был арестован по т. н. «Ленинградскому делу». В сентябре 1950 года приговорен к исключительной мере наказания, приговор был приведен в исполнение в тот же день. Реабилитирован в 1954 году.

и заканчивая Булганиным, были напряженными. Сталин переживал за сына. Он предчувствовал свою скорую кончину и боялся, что после его смерти Василию придется несладко. Сталина очень огорчало то, что Василий не оправдал возложенных на него надежд. И состояние здоровья его тоже огорчало. Как все деятельные люди, Сталин не мог примириться с тем, что силы оставляли его. Свой возраст он в расчет не принимал. В Грузии много долгожителей, Сталин не раз с удовольствием вспоминал об этом и считал, то есть надеялся, что и сам он будет бодрым и деятельным до конца своих дней. Однако это оказалось не так.

«Когда я умру?» — спросил меня Сталин без каких-либо предисловий. Я уже упоминал о том, что мои правила запрещают мне отвечать на подобные вопросы. Исключений из этого правила я не делаю ни для кого. Даже для моей жены Аиды я его не сделал, хотя она по неким личным причинам очень хотела знать, в какой день ее не станет. Я сделал вид, что сосредоточился, просидел в таком состоянии несколько минут и ответил, что ничего не смог увидеть. «Не может или не хочет?» — подумал Сталин, но вслух спросил не это, а другое: «Каким вы видите будущее Советского Союза?» Я прекрасно понял, что именно Сталин имеет в виду, но отвечал на этот вопрос пространно, пытаясь обилием подробностей увести внимание Сталина в сторону от интересовавшего его вопроса. Когда я дошел до того, как будет запущен первый спутник, Сталин перебил меня новым вопросом: «Кто будет руководить Советским Союзом после меня?» Если бы я даже не умел читать мысли, я бы все равно догадался о том, что назвать чье-то имя означало подписать смертный приговор этому человеку. Сталин не смог бы смириться с тем, что кто-то из его соратников может быть равным ему. Поэтому я снова притворился, будто бы вошел в транс. Это притворство стоило мне многого, потому что Сталин внимательно наблюдал за мной. Одно неосторожное движение могло бы погубить меня или, если не погубить, существенно осложнить мою жизнь. Кроме того, моя опрометчивость могла обернуться бедой не только для меня, но и для моей жены. Мне приходилось быть вдвойне осмотрительным. «Где нужен сахар, там не нужна соль», — говорили у нас в Гуре. Там, где надо действовать решительно, нет места сомнениям. «Я не могу ответить на ваш вопрос, товарищ Сталин, — сказал я и добавил, заведомо зная, что мои слова придутся Сталину по душе: — Вы спрашиваете о том, о чем я не могу думать спокойно. Это мешает мне сосредоточиться». — «Что через тридцать лет будет с Советским Союзом, вы тоже не можете сказать?» — раздраженно спросил Сталин. Я попытался увидеть будущее, в котором не будет ни Сталина, ни меня. «Советский Союз будет процветать, — ответил я. — Социализм распространится на Востоке и в Африке...» — «А в Европе? — снова перебил меня Сталин (обычно терпеливо слушавший все, что я говорил, он в тот день был нетерпелив). — Что будет с Берлином и с Германией?»[1] Я ответил, что положение в Европе не изменится. О том, кто будет править страной[2], Сталин меня больше не спрашивал. Он задал несколько вопросов, касавшихся распространения социализма в Азии и Африке. Он снова спросил меня о Корее, война в которой продолжалась в то время. Я ответил, что Корея, как и Германия, будет разделена надвое. «От этого может быть польза, — сказал Сталин. — Пусть весь мир видит, как живет один и тот же народ при разных общественных строях». Наступил момент, когда Сталин глубоко задумался. Он долго держал в руках свою трубку, не замечая того, что она погасла. Я знал, о чем он думает, и заранее подготовил ответ на вопрос, который еще не был задан.

---

[1] В 1949–1990 годах Германия была разделена на два немецких государства — капиталистическую Федеративную Республику Германия (ФРГ) и социалистическую Германскую Демократическую Республику (ГДР). Город Берлин в то же время был разделен на Восточный (социалистический) Берлин (или просто Берлин), являвшийся столицей ГДР, и Западный (капиталистический) Берлин — особое политическое образование, существовавшее на территории американского, французского и британского секторов оккупации Берлина. В 1990 году объединенный Берлин стал столицей объединенной Германии.

[2] Советским Союзом.

Я знаю, что будущее не незыблемо. На то, что еще не произошло, можно повлиять, если знать, как следует поступить. Если бы весной 1939 года я смог увидеть то, что наступит осенью, я бы сумел спасти всех своих родственников. Я очень надеюсь, что сумел бы их спасти. Пока что-то не произошло, есть возможность все исправить, предотвратить. Будущее не неизбежно, неизбежность только в прошлом.

«Что будет с Василием?» — спросил меня Сталин, не произнося вслух слов «после моей смерти». Ему было очень тяжело произносить эти слова, тяжело было сознавать, что совсем скоро его не станет. Самому мне почему-то совсем не тяжело думать о моем конце. Возможно, потому, что у меня нет детей и моя смерть не осложнит ничью участь. Или потому, что порой мне кажется, будто я умер в 1939 или 1940 году вместе с моими родными. Но так или иначе, смерти я не боюсь, и знание даты моего ухода нисколько меня не тяготит. «Для Василия будет лучше, если о нем поскорее забудут, — ответил я. — Он не должен быть на виду. Иначе у него могут быть крупные неприятности». — «Я тоже так считаю», — сказал Сталин[1]. Я думал, что Сталин спросит меня про свою дочь Светлану. Такая мысль у него была, но он передумал и ничего о ней не спросил. Только подумал: «Разведется с Юрием[2] и будет жить спокойно».

Наша последняя встреча со Сталиным растянулась более чем на два часа. Вопросов Сталин задавал мне немного, но паузы между вопросами были длинными. Не все, о чем хотелось ему спросить, он спросил у меня тогда. Меня очень утомила эта

---

[1] В июле 1952 года генерал-лейтенант Василий Сталин был снят с должности командующего Военно-воздушными силами (ВВС) Московского военного округа и выведен в распоряжение главнокомандующего ВВС СССР. По версии, получившей наиболее широкое распространение, это явилось следствием конфликта Василия с главнокомандующим ВВС генерал-полковником авиации Павлом Федоровичем Жигаревым.

[2] Юрий Андреевич Жданов (1919—2006) — советский ученый, сын советского партийного деятеля Андрея Жданова. В 1949—1952 годах был женат на дочери И.В. Сталина Светлане, от их брака родилась дочь Екатерина.

встреча. Она была тяжелой сама по себе, вдобавок я сильно нервничал. Только по возвращении домой я смог вздохнуть с облегчением. Беспокойство сменилось чувством огромной усталости. К усталости примешивалось сочувствие. Я представлял, как тяжело сейчас Сталину. Главной проблемой, тяготившей его, было одиночество. Я успел настрадаться от одиночества и очень хорошо представлял, каково это.

7 марта 1953 года я был в Колонном зале Дома союзов[1]. В гробу лежал человек, совершенно непохожий на того, которого я знал. У меня даже появилась мысль: Сталин ли это? Смерть сильно меняет людей.

---

[1] Тело И.В. Сталина было выставлено для прощания с 6 по 9 марта 1953 года в Колонном зале Дома союзов.

# Моя ассистентка
## Валентина Иосифовна

Я не могу обойти вниманием Валентину Иосифовну Ивановскую, мою верную ассистентку, человека, который пришел на смену моей покойной жене Аиде и останется со мной до конца моих дней. Я непременно должен написать о Валентине Иосифовне. Уже тринадцать лет эта хрупкая, слабая на вид женщина несет на себе тяжелый груз. Она готовит мои выступления, следит за тем, чтобы все было в порядке, ассистирует мне, следит за порядком во время выступлений, заботится обо мне. У Валентины Иосифовны прекрасная память, лучше моей. У Валентины Иосифовны удивительное терпение. Со мной порой бывает нелегко, потому что я нервный, легко вспыхивающий человек. Потом, когда я остыну и осознаю, что был неправ, я первым попрошу прощения, но когда я нервничаю, со мной бывает тяжело. Если моя покойная жена Аида терпела мою вспыльчивость из любви ко мне, то Валентина Иосифовна терпит ее по причине своей доброты. У нее ангельский характер, но она может быть и твердой, когда кто-то не хочет выполнять своих обязательств. А уж то, как Валентина Иосифовна ведет себя на сцене, заслуживает особой похвалы. Благодаря прекрасной дикции ее голос хорошо слышен в любом зале. Она умеет находить нужный тон в зависимости от уровня и настроения аудитории. Я спокойно работаю с Валентиной Иосифовной, потому что знаю: на нее можно положиться. Валентина Иосифовна появилась в моей жизни в один из самых трудных периодов — после смерти моей жены. У меня в прямом смысле этого слова опускались руки. Я ничего не мог делать, меня ничто не интересовало, было такое ощущение, будто моя жизнь закончилась, будто Аида забрала с собой все самое лучшее, что у меня было. Моим спасением могла бы стать работа, она им в итоге и стала, но тогда я этого не понимал. Мне казалось, что я больше никогда не выйду на сцену. К тому же сущность моих опытов такова, что далеко не каждый человек способен стать моим ассистентом. В этом я давно убедился на опыте. А без ассистента я как без рук. Никакого преувеличения — как без рук. Только малая часть моих опытов, примерно четверть, не больше, может быть продемонстрирована без участия ассистента. Помимо высоких требований, которые я предъявляю к своим ассистентам, они должны обладать еще одним особым качеством — они должны хорошо относиться ко мне и всерьез интересоваться телепатией и гипнозом. Не стану же я работать с человеком, который плохо обо мне думает. И с тем, кому опыты неинтересны, кто занимается ими только ради заработка, тоже не стану работать. Поэт Самуил Галкин[1] сравнил мои опыты с поэзией. Я не читаю стихов со сцены, если только кто-то не даст мне такого задания — прочесть стихотворение. Галкин своим поэтическим взглядом подметил настроение моих опытов. В какой-то мере это действительно поэзия, а поэзия, как и любое другое искусство, не терпит равнодушия. В Валентине Иосифовне сошлись все качества, необходимые моей ассистентке. У нее множество талантов, и при необходимости открываются новые. Она — первый и пока единственный слушатель моих воспоминаний. Я зачитываю Валентине Иосифовне то, что написал. Зачитываю отрывками, по мере готовности. Валентина Иосифовна слушает с интересом, иногда задает вопросы. Я начинаю отвечать на них и рассказываю в десять раз больше того, что написал. Так и должно быть, ведь Талмуд по

---

[1] Самуил Залманович Галкин (1897—1960) — советский еврейский поэт, драматург и переводчик. Писал на идише.

объему много больше Торы¹. Вот сейчас я пишу эти строки и предвкушаю, как завтра вечером стану читать их Валентине Иосифовне. Эта добрая женщина смогла вдохнуть в меня жизнь в тот момент, когда жизнь, казалось, ушла из меня. Она вернула меня к жизни, когда я уже не надеялся вернуться. Сказанное мною — не красивые слова, а правда. Так оно и было.

Во время наших первых совместных гастролей мы оба сильно волновались. Я, пожалуй, волновался больше, чем Валентина Иосифовна. Несмотря на то что мы по многу раз все прорепетировали и дали несколько «пробных» выступлений в Москве, я боялся, что что-то может пойти не так. А поехали мы не куда-нибудь в глухомань, где не избалованная зрелищами публика снисходительно относится к накладкам, а в Киев, культурный столичный город, в котором мне уже не раз приходилось бывать с моей Аидой. Киевская публика добродушна, но в то же время и взыскательна. И журналисты там такие, что пальца им в рот не клади. Я помню, как несколько лет назад один молодой поэт, выступающий с пародиями, перед выходом на сцену в Киеве позволил себе выпить лишнего. Перед выступлением лучше вообще не выпивать, даже самую малость, для храбрости, потому что алкоголь мешает любой работе, и выступлению в том числе. От выпитого язык у поэта начал заплетаться, он несколько раз оговорился, в результате его освистали и на следующий день напечатали разгромные заметки в газетах.

Я приехал в Киев после довольно длительного перерыва, поэтому на первое мое выступление пришло больше зрителей, чем мог вместить зал. Это довольно привычная ситуация, но обычно зрители как-то рассаживаются, а в этот раз они стояли в проходах. Было ощущение набитого людьми зала. Валентина Иосифовна немного растерялась и от растерянности три раза подряд

¹ Талмуд, или Устная Тора, гораздо больше по объему, нежели собственно Тора (Пятикнижие Моисеево).

перепутала слова «право» и «лево». Ничего страшного не произошло, потому что слова предназначались для зрителей. Сам я читал мысли Валентины Иосифовны и поправлял ее: «Нет, не направо, а налево». Этот «конфуз», о котором Валентина Иосифовна вспоминает до сих пор, подсказал мне идею двух новых опытов, которые я ввел в свою программу после той поездки.

Несчетное количество раз Валентину Иосифовну атаковывали (другого слова я не нахожу) любопытные люди, желавшие «разоблачить» Вольфа Мессинга. Странная складывается ситуация: чем больше растет мой авторитет, чем шире моя известность, тем больше народу хочет меня «разоблачить». К моей покойной жене Аиде «разоблачители» почти не приставали. Наверное, зная о том, что она моя жена, не рассчитывали получить у нее нужные им сведения. А Валентине Иосифовне не было покоя. Как Мессинг это делает? Какие знаки вы ему подаете? В зале сидят подсадные зрители? И так далее... некоторые даже предлагали деньги в обмен на сведения. Один раз Валентине Иосифовне предложили три тысячи новыми[1] за все наши «секреты». Предложение исходило от одной эстрадной семейной пары, которой очень хотелось сменить свою специальность и заняться телепатическими опытами. Должен заметить, что подражателей у меня появлялось великое множество, но все они очень быстро исчезали, прекращали выступать. Телепатию нельзя симулировать при помощи условных кодов и хитрых трюков. Если ложному «телепату» удастся один-два раза обмануть зрителей, то на третий раз его непременно разоблачат. Пусть не на третий, а на пятый, но разоблачение случится очень скоро, и я сейчас объясню почему. Дело в том, что часть зрителей, причем довольно значительная часть, ходит на мои выступления по нескольку раз. Увидев мои опыты впервые, они задаются вопросом: «Как он это делает? В чем тут секрет?» Они приходят повторно, желая разо-

---

[1] То есть денежными знаками образца 1961 года.

браться в том, как я это делаю. Такие зрители, у которых есть цель и которым уже известна программа, замечают все. Они сидят с блокнотами в руках, записывая все, что говорится во время выступления мною и ассистенткой, они рассматривают меня в бинокль (один такой бинокль мне подарили после выступления), несколько раз мои выступления пытались записать на магнитофон. И такие же пытливые зрители приходят на выступления ко всем, кто объявляет себя телепатом, потому что к телепатии огромный интерес. Они быстро разоблачают шарлатанов. Умнее всего поступил один актер. Он стал делать пародии на меня. Очень смешные пародии, я их видел. В них я предстаю забывчивым чудаком, который может найти спрятанный зрителями предмет, но не находит своих собственных очков, которые находятся у него на носу. Внешне чудак из пародии очень похож на меня, даже акцент похожий, а вот ассистентка у него другая — симпатичная молодая девушка, которая все вечно путает. Я смеялся от души. Я считаю себя умным человеком, а у нас в Гуре говорили: «Умный умеет смеяться не только над другими, но и над собой».

Я — везучий человек. Мне всегда везло на встречи с хорошими людьми, такими, как моя покойная жена Аида и как моя ассистентка Валентина Иосифовна. Хорошие люди несут радость, а две эти женщины кроме радости принесли в мою жизнь любовь и заботу. Такие люди, как я, люди, в одночасье потерявшие всех своих родных, очень дорожат тем теплом, которое дают любовь и забота. Я очень признателен Валентине Иосифовне за то, что она появилась в моей жизни. Мы оба многое испытали, мы оба одиноки, и это сближает нас еще больше, потому что мы знаем цену теплу. То, что я написал о Валентине Иосифовне, не может выразить глубины моего отношения к ней. Для того чтобы выразить все, нужен особый талант, которого у меня, к сожалению, нет. Эта замечательная во всех отношениях женщина стала последним подарком, который преподнесла мне судьба.

# Горькая обида

Обида не пирожное, чтобы быть сладкой, но есть просто обида, а есть обида горькая, когда человеку плюют в лицо, оскорбляют недоверием. Незаслуженным недоверием! Тогда это горькая обида.

Неужели моя жизнь, моя биография не служат мне порукой? Неужели выбор, который я сделал в 1939 году, и вся моя дальнейшая жизнь в Советском Союзе не доказывают моей лояльности? Я не употребляю слово «преданность», его слишком опошлили. На каждом шагу только и слышно: преданность, преданность, преданность! Лояльность — вот правильная характеристика моего отношения к социализму. До революции было такое слово, которое лучше всего подходит ко мне: «благонадежный». Я — благонадежный обыватель. Я старый, умудренный жизнью человек, я знаю, что совсем хорошо нигде не бывает. На земле нет и не может быть рая, так же как не может быть человека совсем без недостатков. Хоть один, да найдется. Больше половины своей жизни я прожил за границей, я уже более тридцати лет живу в Советском Союзе. Мне есть что сравнивать и есть с чем сравнивать. Ни разу нигде никому я не сказал, что там лучше, чем здесь. Если уж говорить начистоту, а я сейчас подошел к тому пределу, когда уже можно ничего не опасаться, то всюду одинаково. Одни люди хорошо устроены в жизни, другие плохо. Но у социализма есть одно важное преимущество — здесь человеку невозможно опуститься на самое дно, стать нищим бездомным бродягой. Отношения между людьми здесь более добросердечны, хотя и более бесцеремонны. Лично у меня никогда не возникало сожаления о сделанном мною когда-то выборе. Я доволен своей жизнью в Советском Союзе. У меня никогда не было мысли уехать жить за границу. К тому же в моем возрасте трудно привыкать к переменам. Можно и не успеть к ним привыкнуть. И что я найду за границей? Родных людей? Богатство? Славу? Родных у меня нет. Денег мне хватает. Славы тоже. Меня узнают на улице. Обо мне поэты стихи слагают[1]. То, что мне нужно: здоровье, молодость — я не найду ни там, ни здесь.

Я не хотел и не хочу уезжать насовсем. Но несколько лет назад мне захотелось проехаться по тем местам, с которыми связана моя молодость. Захотелось снова побывать в Варшаве, в Вене, в Париже. Еще мне очень хотелось посетить Израиль, увидеть своими глазами нашу возрожденную родину. Осуществить это желание из-за политических разногласий между странами было бы нелегко, но никто не помешал бы мне, будучи в Вене, купить билеты до Тель-Авива и обратно. И обратно, непременно обратно. У меня даже мысли не было о том, что я могу не вернуться в Москву.

Стоило мне только заявить о своем желании, как меня пригласили в ЦК[2]. Меня принял заместитель заведующего отделом культуры Мелентьев[3]. Мелентьев очень деликатный человек. Ему трудно было сказать мне, что меня решено не выпускать за границу. Он начал издалека, но я сразу все понял и спросил, могу ли я встретиться с кем-то из руководства, чтобы объясниться, убедить их в своей благонадежности. «Это бесполезно, Вольф Григорьевич, — ответил мне Мелентьев. — После того как Аллилуева убежала к американцам, требования к выезжающим ужесточились. Я буду говорить прямо, ведь вы все равно читаете

---

[1] Под «поэтами» имеется в виду поэт Роберт Рождественский, посвятивший Вольфу Мессингу стихотворение.

[2] Центральный комитет Коммунистической партии Советского Союза.

[3] **Мелентьев Юрий Серафимович (1932–1997)** — с 1965 по 1971 год заместитель заведующего Отделом культуры ЦК КПСС.

мысли. Вы одиноки, у вас в Советском Союзе нет родных, вы известная личность, и вы еврей. Вас не пустят дальше Варшавы. В Варшаву вы можете поехать. Я могу переговорить с польскими товарищами по поводу организации ваших гастролей». — «Я не прошу о помощи в организации гастролей! — возмущенно ответил я. — Я прошу разрешения на выезд!» Мелентьев вежливо улыбнулся, развел руками и покачал головой. «Как можно сравнивать меня с Аллилуевой! — удивился я. — Она гораздо моложе меня, она — дочь Сталина! Мы совершенно разные люди! С разными судьбами, с разными взглядами! Как можно не разрешать Вольфу Мессингу небольшую поездку из-за того, что Светлана Аллилуева сбежала в Америку? Какая связь? Где логика?»

Наш разговор с Мелентьевым состоялся в июне 1967 года, спустя три месяца после эмиграции Светланы Аллилуевой. Страсти вокруг ее поступка еще не улеглись. Ходило множество самых невероятных слухов. Так, например, говорили, что в Дели за ней гнались по пятам и она была вынуждена отстреливаться. Я вспомнил свое предсказание Сталину, сделанное в 1947 году.

«Логика в том, что когда что-то случается, когда грянет гром, то принимаются меры, — ответил Мелентьев. — И чем громче гром, тем жестче меры. Да, вы совершенно не похожи на Аллилуеву, но это никого не интересует. Требования к выезжающим ужесточены. Выехать могут только те, в ком Родина уверена на сто процентов!» — «А почему не уверены на сто процентов во мне? — спросил я. — Мне кажется, что я никогда не давал повода! К тому же я уже далеко не так молод, чтобы начинать новую жизнь в другой стране. Мне, к вашему сведению, скоро исполнится шестьдесят восемь лет!» — «Мотивы могут быть разными, — сказал на это Мелентьев. — Я, например, знаю, что у евреев очень почетно быть похороненным в Земле обетованной...» — «Я хочу быть похороненным на Востряковском кладбище, рядом с моей женой! — перебил я. — И я пока еще не собираюсь умирать! Вам не кажется, что вы говорите чушь?!» Мелентьев смутился. «Если бы это зависело от меня, то я бы не чинил вам препятствий, — сказал он. — Но вы же понимаете, что не я принимаю такие решения. Я не хотел вас обидеть, я просто пытался объяснить вам, что вы ничего не сможете сделать. Дело не в вас лично, а в установке, спущенной с самого верха!» На том наш разговор закончился.

«Хрущев бы меня отпустил», — подумал я, выйдя из кабинета Мелентьева. Был порыв прямо сейчас пойти к кому-то из секретарей ЦК, благо я был уже в здании ЦК, но я решил, что лучше будет написать письмо Брежневу. Я в тот момент был сердит, мысли путались, я мог сорваться, устроить скандал. Лучше успокоиться и написать все на бумаге. В том, что мое заявление попадет в руки к Брежневу, я не сомневался.

Письмо я написал на следующий день. Валентина Иосифовна его перепечатала. «Зачем писать Брежневу?» — прочитал я ее мысль. «Меня обидели, незаслуженно, я должен высказаться», — сказал я ей. Я не ждал многого от этого письма, но в глубине моей души теплилась надежда на то, что Брежнев поймет: нельзя, как выражаются в России, стричь всех под одну гребенку. Письмо мое было очень подробным. В нем я напоминал о моих заслугах, о двух самолетах, подаренных Красной Армии в годы войны, напоминал о том, что вся моя жизнь в Советском Союзе не запятнана ни единым поступком, могущим бросить на меня подозрения. Я также написал, сколько денег хранится на моих сберкнижках, и предложил считать эту весьма внушительную сумму залогом. Если я не вернусь, пусть забирают эти деньги и делают с ними что хотят.

«Но вы же можете сесть в самолет и улететь куда хотите, без заграничного паспорта и без билета», — сказала мне Валентина Иосифовна. «Могу, — согласился я. — И одновременно не могу. Такой поступок вызовет утрату доверия ко мне. Отъезд с помощью внушения годится для бегства, а я никуда бежать не собираюсь. Я хочу получить загранпаспорт, купить билеты и побывать там, где мне хочется побывать. Да и стар я уже для подобных авантюр. Слишком уж это сложно».

Спустя два месяца мне пришел ответ за подписью неизвестного мне человека из Общего отдела ЦК. «Удовлетворение вашей просьбы о выезде за рубеж невозможно ввиду отсутствия уважительных причин», — было написано в письме. Уважительные причины! Желание человека побывать в местах, связанных с его молодостью, не считается уважительной причиной. Какой абсурд!

Я отказался от своего желания не сразу. Выждав некоторое время, попытался приобрести путевку во Францию, но мне не удалось это сделать[1]. Предприняв еще несколько попыток, я отказался от своего намерения. Возможно, оно и к лучшему. Возвращаясь в памятные места, человек невольно сравнивает то, что он видит, с тем, что запечатлелось в его памяти. Не всегда такие сравнения радуют. Намерение ушло, но обида осталась. Мне плюнули в душу, дали понять, что я неблагонадежен, не заслуживаю доверия. Эта обида — незаживающая рана моей души. Должен признать, что обида тоже была среди причин, побудивших меня взяться за перо и написать правду о себе. Мне становится приятно от мысли, что мои воспоминания попадут туда, куда боялись отпускать меня, — в Израиль и там будут напечатаны. Мне греет душу надежда на то, что кто-то из моих родственников вопреки всему смог выжить и если не они сами, то их потомки прочтут мои воспоминания. Обида помешала мне написать подробно о своей единственной встрече с Брежневым. Вначале, приступая к своему труду (это в самом деле тяжкий труд — и писать тяжело, и многое вспоминать тяжело), я собирался это сде-

---

[1] В СССР туристические путевки за границу не находились в свободной продаже. Они распределялись среди граждан через профсоюзные комитеты и другие организации. Для получения права на выезд за границу надо было представить характеристику с места работы, пройти собеседование в райкоме партии. Существовал целый ряд ограничений. Так, например, выехать в капиталистическую страну можно было лишь после того, как побываешь в одной-двух социалистических.

лать. Но потом понял, что в свете моей обиды это выглядело бы сведением счетов. Скажу только одно. Если Сталина и Хрущева волновали вопросы огромной важности, вопросы, касающиеся судеб мира, то Брежнев интересовался только своим собственным будущим и тем, какие болезни я могу лечить при помощи внушения. Таким, как он, не нужен Вольф Мессинг. Им нужны шарлатаны, обещающие долгую жизнь и исцеление от всех болезней.

Когда Всевышний закрывает перед человеком одну дверь, то непременно указывает ему на другую. Мой близкий знакомый (друзей у меня нет, но приятелей много) вскоре должен отбыть в Израиль. Разрешение уже получено. Мы договорились о том, что он возьмет с собой мою рукопись, а я приду его провожать. «В чемодан с моей папкой можешь положить все, что только душа пожелает, — сказал ему я. — Этот чемодан проверять не станут. То будет моя плата тебе за твою услугу». Он увезет мою рукопись и опубликует ее спустя год после моей смерти. Такой срок я назначил не случайно. Пусть обо мне немного забудут, пусть улягутся страсти, вызванные моей кончиной (предвижу, что станут говорить о том, будто меня убили), и тогда, в условной тишине, мой голос зазвучит особенно громко. Я попросил моего благодетеля (кто же он, как не благодетель), после того как мои воспоминания будут опубликованы, похоронить рукопись в Земле обетованной. Если мне не суждено покоиться в священной земле, то пусть хотя бы частица моей души лежит в ней.

Не хочется завершать мои воспоминания на печальной ноте, поэтому напоследок хочу рассказать еще кое о чем. Хочу рассказать о счастье. О моем счастье.

# Мое счастье

Когда-то, еще мальчишкой, я мечтал о том, как достигну высокого положения, как приеду в Гуру к отцу на автомобиле, хорошо одетый, сорящий деньгами налево и направо... И все скажут: «Сын Гирша Мессинга стал уважаемым человеком!» Таким виделось мне счастье: автомобиль, хороший костюм, много денег. Сейчас у меня несколько хороших костюмов, при желании я могу купить себе автомобиль, недостатка в деньгах я не испытываю. Но теперь я знаю, что счастье совсем не в этом.

Кем только я не воображал себя в своих мечтах: банкиром, миллионером, известным ученым. В чем-то мои мечты сбылись — я стал известным. Но я уже никогда не приеду в Гуру, не войду в наш дом и не обниму отца. Я никогда не увижу братьев. Жизнь моя словно разрезана на две половины. И место этого разреза кровоточит до сих пор. Горе не ожесточило моего сердца. Напротив, я сочувствую всем, кого судьба подвергает испытаниям. Очень часто этим испытаниям подвергаются достойные люди, в то время как недостойные живут в свое удовольствие, не испытывая никаких лишений. И горе не лишило меня способности радоваться жизни. Но счастлив ли я?

«Какой вы счастливый!» — нередко слышу я в свой адрес, причем от совершенно незнакомых мне людей. Им кажется, что если у человека есть особый дар, какие-то уникальные способности, то он должен быть счастлив. «Талес[1] не делает равви-

---

[1] «Талес» или «талит» — ритуальный атрибут в иудаизме, покрывало прямоугольной формы из овечьей шерсти размером $1 \times 1,5$ метра, которое надевается при совершении молитв. По углам талита закрепляются сакральные кисти, именуемые «цицит».

ном», — гласит еврейская пословица. Никакие способности не могут сделать человека счастливым. Один из самых счастливых людей, которых я встречал в жизни, — наш дворник. «У меня добрая жена, послушные дети, есть достаток, есть здоровье. Я счастлив», — говорит он. Ах, если бы моя жена была жива! Ах, если бы у нас были дети! Тогда я тоже был бы счастлив!

Могу ли я считать себя счастливым? Наверное, нет. Одинокий, старый, больной человек не может быть счастливым по определению. Я словно листок, трепещущий на осеннем ветру. Скоро меня сдует ветром...

Могу ли я считать себя счастливым? Наверное, да. Мне, единственному из нашего рода, удалось спастись от страшной участи. Я был знаком с людьми, которые вершили судьбы мира. Я приносил и продолжаю приносить пользу людям. Я прожил длинную честную жизнь. Почти полтора десятилетия рядом со мной была моя любимая жена. Я стар и одинок, но меня знают, уважают, ценят. На моих выступлениях до сих пор люди стоят в проходах, потому что залы не в состоянии вместить всех желающих. Я живу в Москве, это очень хороший город. Я обеспечен, мне нет необходимости рассчитывать на чью-то помощь. Здоровье у меня не ахти какое, но голова светлая, руки-ноги меня слушаются. Разве я не счастлив? Конечно же, я счастлив! Пусть не настолько, насколько мне хотелось бы, но я счастливее моего отца и моих братьев. Я счастлив, но счастье мое такого рода, что через него то и дело пробивается печаль. Так, наверное, и должно быть. Даже у вечных неудачников случаются счастливые дни, стало быть, любой человек в той или иной мере счастлив. Что же касается меня, то я мог умереть еще в младенчестве, как моя сестра Сара, меня могли убить грабители, меня могли убить нацисты, меня могли застрелить при переходе границы, меня могли расстрелять потом, как шпиона, я мог погибнуть в годы войны, и много чего еще плохого могло со мной случиться, но ведь не случилось же. Это счастье. Наверное, я счастливый человек. Хотя бы потому, что лучше считать себя счастливым, чем несчастным. Я счастливый человек в тот момент, когда выхожу на сцену и вижу лица тех, кто пришел на мое выступление. Всю жизнь меня немного коробило, когда меня называли «артистом». Я считал, что «артист» — это тот, кто что-то представляет, кто притворяется кем-то, играет, лицедействует. Но теперь, на закате своей жизни, я сам называю себя артистом. Если я нуждаюсь в зрителях, в их внимании, в их восхищении, в их аплодисментах, которые нужны мне, как пьянице водка, то кто я? Конечно же, артист. Причем не простой, а заслуженный. У меня даже медаль[1] есть. Наверное, я счастлив. Можно было бы обойтись и без слова «наверное», но я очень осторожный человек и вставляю его к месту и не к месту.

Я — артист. Я — телепат. Я — счастливый человек.

Я — Вольф Мессинг.

Кого-то мой рассказ заинтересует, кого-то заставит задуматься, а для кого-то станет просто набором сведений из жизни человека по имени Вольф Мессинг. Я не претендую на роль учителя или наставника. Дочитали до конца — уже на том спасибо. Я всю жизнь страдал от избытка внимания, но в то же время внимания мне не хватало. Парадокс. Вся моя жизнь парадокс.

Умея видеть сквозь время, я знаю, что время гораздо сложнее наших представлений о нем. Ученым еще предстоит сделать множество открытий, касающихся времени. Я знаю, что будущее, прошлое и настоящее скручены в один клубок. Ничто не исчезает бесследно. Никто не уходит бесследно. Человек существует вне времени. Время — всего лишь условность, не более того.

Поэтому я не говорю: «Прощайте». Я говорю: «До свидания».

Искренне ваш, Вольф Мессинг.

---

[1] На самом деле нагрудный знак «Заслуженный артист РСФСР» не считался медалью, но выглядел похоже.

# Содержание

Литературно-художественное издание

СОКРОВЕННЫЕ МЕМУАРЫ

**Вольф Мессинг**

**Я – ТЕЛЕПАТ СТАЛИНА**

Ответственный редактор *Л. Незвинская*
Художественный редактор *С. Курбатов*
Технический редактор *М. Печковская*
Компьютерная верстка *Е. Коптевой*
Корректор *Л. Дельцова*

Фотография на обложке: Михаил Озерский / РИА Новости
Во внутреннем оформлении использованы фотографии:
Лев Иванов, Михаил Озерский, Резников, Минев / РИА Новости

**ООО «Яуза-пресс»**
109439, Москва, Волгоградский пр-т, д. 120, корп. 2.
Тел. (495) 745-58-23, факс: 411-68-86-2253

Өндірген мемлекет: Ресей
Сертификация қарастырылмаған

Подписано в печать 15.07.2016. Формат 60х90 $^1/_{16}$.
Гарнитура «Ньютон». Печать офсетная. Усл. печ. л. 14,0.
Тираж 1500 экз. Заказ 1179.

Отпечатано в ООО «Тульская типография».
300026, г. Тула, пр. Ленина, 109.

ISBN 978-5-9955-0873-1

16+